はじめに

　2018年度（平成30年度）から新学習指導要領実施に向けた移行措置が始まり、「主体的・対話的で深い学び」という理念の実現に向けた取り組みが全国の小学校で展開されることになります。

　私が教職を辞して、間もなく3年が経とうとしています。この間、全国の学校、教室にお伺いする日々を続けてきましたが、私が訪ねる多くの学校では、「硬くて、遅い」と言わざるを得ない旧態依然とした授業が行われていました。知識伝達を中心とした授業です。

　多くの教室の子どもたち同士の横のつながりは希薄です。一部の「できる子」を中心に淡々と授業は進められ、一方で学びに興味をもてない子どもたちが、授業からは取り残されたままになっています。

　ディベートが本来もつ授業観は、従来の教師主導の一斉指導の授業観と対極をなすものです。

　変容重視、価値判断の質の高まりを重視する授業観に支えられているのが、ディベートのもつ授業観です。

　私は、2017年1月8日に大阪の追手門学院大手前中・高等学校をお借りして開催した「第1回　菊池道場　大阪冬の陣　次世代リーダー育成大会」の場において、2017年に菊池道場として取り組みたいこと2点を、参加された方々に提案いたしました。

　「『成長の授業』の全体像を示すこととその実践の推進」と、「ディベートの授業観の理解とその具体的実践の推進」です。

　前者は、2016年から取り組みを進めていたこともあり、2017年3月末に発行した「菊池道場機関誌『白熱する教室』第8号」（中村堂）で、福島支部のメンバーによって「『成長の授業』をつくろう」との特集としてまとめられました。4月初旬には、書籍「言葉で人間を育てる　菊池道場流『成長の授業』」（中村堂）として世に問うこともできました。

　ディベートについては、西日本のメンバーを中心に、北九州の菊池道

場で、5月、9月、12月の3回に渡って合宿勉強会を行い、私の考えるディベートの授業観とディベートの実際について、時間をかけて学びを深めました。5月の合宿の後には、参加したメンバーが各教室で積極的にディベートに取り組んでいただき、9月、12月にその実践を持ち寄るという形で学びは進みました。

　さらに、私が教育特使を務める高知県いの町では、3月に開催した「菊池寺子屋」のテーマを「学級ディベートの意義と指導の実際」として、一日かけてディベートについて学びました。

　教育スーパーアドバイザーを務める大分県中津市では、2016年に続き2017年11月に「諭吉の里 第2回アクティブ・ラーナー育成実践研修会」の場で、「中津市では、夏休みは、これまで通り40日間にすべきである」という論題で小学校・中学校各3校から、児童・生徒が参加してディベート大会を行いました。日本に初めてディベートを紹介したとされる福澤諭吉先生所縁の地でのディベート大会の開催は、私にとっても感慨深いものでした。

　山梨県富士河口湖町の河口小学校では、継続してディベート学習に取り組んでいただきました。

　全国の支部主催セミナーの翌日に行われる支部勉強会でも、多くの支部で学習テーマを「ディベート」にしていただき、学びは大きく広がりました。

　1年間に渡ったこうした様々な取り組みをする中で、本書「個の確立した集団を育てる　学級ディベート」はできあがりました。

　現在、私たち教師の「観」の変換が強く求められています。本書をもとに「学級ディベート」について学び合い、「主体的・対話的で深い学び」が全国の教室で実現されることを願っています。

菊池道場　道場長　菊池省三

●もくじ●

はじめに ……………………………………………………………………… 2

第1章　個の確立した集団を育てる　学級ディベート ……………… 7
1　提案「学級ディベート」……………………………………………… 8
2　ディベートとの出会い ……………………………………………… 11
3　「学級ディベート」で個の確立した集団を育てよう …………… 16
4　一斉授業とディベート ……………………………………………… 23
5　ディベートで育った子どもたちの成長の事実 …………………… 25
6　ディベートの実際 …………………………………………………… 31
7　ディベートにおける10の声かけ …………………………………… 40

第2章　年間を見通した学級ディベート …………………………… 43
【資　料】小学校国語科教科書（平成27年～）における「話し合い・討論」の単元・教材一覧 ……………………………………………… 56
【コラム】日本にディベートを紹介した福澤諭吉 …………………… 59

第3章　対話力を付けるコミュニケーションゲーム ………………… 61
1　低学年向け …………………………………………………………… 62
2　中学年以上向け ……………………………………………………… 68

第4章　低学年のディベートの実際 ………………………………… 75
1　はじめに ……………………………………………………………… 76
2　ディベートゲーム　① ……………………………………………… 78
3　ディベートゲーム　② ……………………………………………… 82
4　ディベート的な話し合い　① ……………………………………… 88
5　ディベート的な話し合い　② ……………………………………… 91
6　学級ディベートの可能性 …………………………………………… 94

第5章　中学年のディベートの実際 ……………………………… 99
- 1　はじめに ……………………………………………………… 100
- 2　立論型ディベート …………………………………………… 104
- 3　ディベート …………………………………………………… 112
- 4　ディベート的話し合い　① ………………………………… 120
- 5　ディベート的話し合い　② ………………………………… 128
- 6　学級ディベートの可能性 …………………………………… 136

第6章　高学年のディベートの実際 ……………………………… 141
- 1　はじめに ……………………………………………………… 142
- 2　ディベート（第1反駁まで） ………………………………… 146
- 3　ディベート（第2反駁まで） ………………………………… 154
- 4　ディベート的な話し合い　① ……………………………… 162
- 5　ディベート的な話し合い　② ……………………………… 170
- 6　学級ディベートの可能性 …………………………………… 178

第7章　ディベートの低・中・高学年別年間カリキュラム ……… 183
- 1　はじめに ……………………………………………………… 184
- 2　ディベート年間プログラム ………………………………… 185
- 3　ディベートが与える感化 …………………………………… 188

おわりに ……………………………………………………………… 190

第1章

個の確立した集団を育てる学級ディベート

真の「主体的・対話的で深い学び」を創造する

1. 提案「学級ディベート」
2. ディベートとの出会い
3. 「学級ディベート」で個の確立した集団を育てよう
4. 一斉授業とディベート
5. ディベートで育った子どもたちの成長の事実
6. ディベートの実際
7. ディベートにおける10の声かけ

第1章　個の確立した集団を育てる学級ディベート

真の「主体的・対話的で深い学び」を創造する

菊池道場　道場長　菊池省三

① 提案「学級ディベート」

　私たち菊池道場は、新しく「学級ディベート」と名付けたディベートを提案します。
　ディベートというと、否定的なイメージをもたれる時代が長く続きました。後ほど、改めて述べますが、あるとき、ディベートが「競技ディベート」の色合いが強くなっていき、その目指していたものと違う方向に進んでいったことが大きな原因だと私は考えています。
　本来のディベートのもつ教育的価値を再構築して、ディベートをもとにした授業観によって、一斉指導中心の授業観の転換を図っていきたいと考えています。
　提案する「学級ディベート」の基本的な考え方の核心部分を、最初にお示しいたします。

現在私は、全国の学校を訪ねて、飛込授業をしたり、授業を見せていただいたり、講演をしたり、先生方とともに研修をしたりという日々を送っています。

　講演や研修の中で、以前の私の学級での話し合いの様子を動画でお見せすると、多くの先生方は、その白熱した激しさに驚かれています。子どもたちが、本気で友達と議論し、時には言葉が激しくなり、時には、一人の子が多くの子どもたちに追い込まれるような場面があるからです。

　そうした映像を見ていただいた後、「私の指導する話し合いは、ディベート的です」という説明をよくします。お互いの主張を厳しく検証し合う子どもたちの話し合いの姿には、それまでのディベート指導という背景があるのです。

　2018年度から移行措置がスタートし、2020年に完全実施される新学習指導要領の中心的な考え方として、「主体的・対話的で深い学び」が示されていますが、私には、20年以上も前からディベート指導を核として、対話的な学びを実践してきたという自負があります。

　子どもたちの学びを、主体的・対話的にするためには、ディベート指導は欠かせないものだと考えています。「菊池実践」の話し合いのポイントは、ずばり「ディベート」です。

　ディベートは、

①根拠を伴った意見を述べ合う
②互いの意見を質問し合って明確にし合う
③相手の意見に対して反論を述べ合う
④審判が客観的に判定を行う

という話し合いです。

　子どもたちは、こうしたディベートを体験すると、かみ合った議論の楽しさを具体的な体験を通して実感することができます。単発的に意見

を述べ合うだけの今までの話し合いとの違いに気付き、新たな気付きや発見が生まれるという、話し合いのもつ本来の価値に気付いていくのです。

　ディベートを通して、子どもたちの話し合う力は、確実に飛躍的に伸びていきます。そして、ディベート指導の効果によって、話し合う力が伸びるだけではなく、その場の空気に流されて動くことのない健全な個が育ち、そのような個が集まることによって、望ましい集団へと学級が成長していくのです。

　今回、特に強調したいのはこの点です。ディベートによって、個が確立した集団を育てていくのです。私は、それを「学級ディベート」と名付け、望ましい学級づくりをしていくための土台づくりとして、ディベートを取り入れていくことを提案します。

　ディベートで望ましい集団を創っていくことができる理由は、ディベートのもつルールが、

・人と意見を区別する
・根拠を伴った意見を比較し合う
・反論し合うことで互いの主張を成長させ合う

といった、社会に生きる人間として必要な考え続ける力を育てることができるからです。

　合わせて、ディベートが、単なる学び方の一つの手法ではないということも、私が強く主張しておきたいことです。

　ディベートのもつ授業観は、従来の教師主導の一斉指導の授業観と対極をなすものです。これまでの知識重視、知識伝達の授業観ではなく、変容（価値判断の質の高まり）重視の授業観に立ちます。

　「主体的・対話的で深い学び」が求められる今、私たち教師の「観」の変換が強く求められています。正解は教師がもっていて、それを子どもたちに一方的に教え込む授業から脱却して、主体的な学び手を育てる指

導の考え方やあり方が求められているのです。
　ディベートは、その「観」の変換を明確に教えてくれるのです。

② ディベートとの出会い
　私が教師になった35年ほど前の国語科は、「読むこと」と「書くこと」、そして「言語事項」が中心で、「話すこと・聞くこと」という音声言語に関する内容は、ほとんど扱われていませんでした。
　ですから、読解指導とか作文指導といったことが、学校教育の現場の中心でした。私も教師になったばかりでしたから、それにしたがって授業を進めていて、それが当たり前という状況でした。
　したがって、教職に就いて8年目くらいまでは、コミュニケーション、あるいはコミュニケーション教育というものに対して、特に意識はしていませんでした。
　教員生活9年目のときに、前の年に今で言う学級崩壊をしていたクラスを担任することになりました。6年生の担任です。子どもたちは、5年生からそのまま持ち上がっていましたのでクラスのメンバーは同じです。担任が私に変わっただけでした。
　最初に私は、「先生は、みんなと今日会ったばかりで、みんなのことが分からないから、自己紹介をしてくれないか」と言いました。すると、その30何人の中の4、5人が泣き出してしまったのです。
「私の名前は、〇〇〇〇です。好きなスポーツは、野球です」というレベルの自己紹介ができなくて、みんなの前で泣くのです。
　自己紹介ができずに泣き出すというレベルの子どもたちとの初めての出会いでした。そんな6年生と出会ったときに、単純ですが、「1年間で、人前でひとまとまりの話ができる子どもに育て上げよう」と思いました。
　時代は、ちょうど平成になった頃でした。
　その頃は、「話すこと・聞くこと」に関する教材もないし、教えようと思っても、そもそも自分自身がコミュニケーションに関する教育を受

けていませんから、どうしたらよいのか分かりません。

とりあえず、ビジネス書を買いあさって、何をどのように教えようかと考えながら、1年間過ごしました。

研究をしつつ、実践をしつつの繰り返しの中で、ある程度、人前でひとまとまりの話ができる子ども、それを聞き入れられる子ども・学級になっていきました。

その取り組みの成果は予想以上のもので、コミュニケーションの指導を通して、子どもたちが大きく変わっていったと実感しました。一人ひとりが積極的になったり、友達同士の絆が温かくなったりしていく様子を見て、コミュニケーションの分野というのは、人間形成にとても影響が大きいことを感じました。

学習指導要領にもないし、私自身もそういう教育を受けていないけれども、ひとまとまりの話ができなかった子どもたちの1年間の変容を見たとき、すごく魅力を感じたのです。

そんなことがきっかけで、自分としてコミュニケーションに関する指導を、学校教育現場の中でやっていこうと思ったのです。次の年も、子どもの状況はやはり似たような感じでしたので、継続してコミュニケーションの指導に力を入れました。

「人前でひとまとまりの話」がある程度できるようになると、次にはその話をした子と聞いた子との間に、感想交流みたいなものが出てきます。

「ああ、おもしろかったね」
「ああ、なるほど。ぼくにもそういうことがあったな」
といった反応です。

あるいは、スピーチの内容によっては、
「それは反対だな」
「賛成だ」
などと、聞いた側の子どもたちの意見が分かれる場面が当然出てきて、テーマについて深く話すことができる子どもが出てきました。

こうした、自然な流れの中で、「賛成」と「反対」に分かれて議論をしていく一つの方法としてディベートがあるということを知りました。
　ですから、私の場合は、「最初にディベートありき」ではなくて、子どもたちの成長に必要なものとして模索し、その結果として、ディベートに出会ったのです。
　当時の状況を思い出しますと、教育の世界の中に、私の立ち位置とは少し離れたところに「ディベート論者」という言葉がありました。つまり、「最初にディベートありき」の人たちです。私の場合は、そうではありませんでした。子どもたちの実際と実態に合わせて、ディベートが必要になったのです。
　ディベートについて考えるようになった頃、「教室ディベート連盟」という組織が立ち上がりました。
　私の学級の子どもが、当時、朝日新聞の読者の欄に「討論って楽しいな」という投書をして掲載されたことがありました（送った原稿には、子どもは「ディベート」と書いたのですが、掲載されたときには「討論」と書き換えられていました。まだ、ディベートという言葉自体が認知されていなかった時代です）。
　偶然それを読まれた「教室ディベート連盟」の鈴木克義先生が、「同じ福岡県の中に、こういう実践をしている小学校の先生がいるんだ」ということで、会ったことのない私のことを気にかけてくださったことが後から分かります。
　それは、私が話をするセミナーに鈴木克義先生が見えられていて、初めてお会いしたときのことです。
「菊池先生ですね。あの新聞の投書覚えていますよ。先生の学級のお子さんですよね」
　とお声かけをいただき、その後、いろいろ教えていただくようになりました。そうする中で、さらに「教室ディベート連盟」ともつながり、学びを深めていきました。
　「教室ディベート連盟」の佐長健司先生は、もともと香川県で小学校の

先生をされていて、広島大学の附属小学校に行かれたあと大学の教授になられましたが、私がご指導をいただいた多くの先生の中で、佐長先生がいちばん骨太だったという気がしています。「民主主義とは何か」とか、「社会科の社会というのはどういうことなのか」というような大きなテーマでご指導をいただき、参考文献も相当教えていただきました。「日本の『世間』と『社会』との違い」とか、「個が独立しない群れ集団ではない『集団』とは」というような、基本的な考え方を教えてくださった先生でした。私は、佐長先生のこうしたお考えに共感し、その考えに立ってディベートをしたいと思いました。

　私が、現在学級経営の中で大切にしている、「一人ひとりが自立して公の社会をつくっていく」とか、「今後、社会に出ていくときの公に向かったそれにふさわしい考え方や態度を身に付けさせる」という基本は、佐長先生からディベートを学ぶ中で形成してきたものです。

　その後、数年が経っていく中で、私が活動の軸としていた「教室ディベート連盟」が、少しずつ「競技ディベート」に重きを置くようになってきたと私には感じられました。

　「ディベート甲子園」は、1996年（平成8年）から始まっていますが、「教室の現場とは違った方向に進んでいるのではないか」と、教室の現場に居る者にとっては、そう感じざるを得ない状況になっていったのです。

　そうした外的な要因とともに、私自身は、地域的にも児童の実態としても、ちょっと厳しい状況の学校に2000年（平成12年）に異動しましたので、ディベートが成立する以前の状況の子どもたちと向き合わなくてはならなくなっていました。

　そうなると、まずは、社会に出て行っても、自分らしさを発揮して、世のため人のために生きることができる人間として、目の前の子どもたちを育てていくことが何よりも大切なわけですから、考え方は同じだと思いましたが、ディベートという手法を、ストレートな形でそのまま教室で用いることはできなくなっていきました。

別の視点でディベートを振り返ると、授業観の違いによる周囲とのぶつかり合いが思い出されます。

　ディベートをすると、当時の学校現場の主流である授業観と否応なく衝突します。知識・領域をきちんと教えるという従来の授業観と、一つのテーマについて是非を考えたり、価値判断の質を問うたりするディベートでは、授業観が全く違うからです。

　地元の先生方や変わらぬ考え方の教育界の人たちとぶつかりますから、理論武装をして負けないようにしないといけないと、さらに学びを深めていきました。

　そんなことをしていた頃から、もう 25 年ほど経ちました。現場の空気は、若干よい方向に進んできたかなと思いますが、やはり、基本的にはあまり変わっていないと思っています。

　私は、競技を前提としたディベートではなく、ディベートが本来もつ「よさ」を生かして、ディベートのめざす思考する力を育てていく教室を実現したいと思っています。

　形にこだわるのではなくて、たとえ形はよれよれであったとしても、場合によってはディベートの形式をとらないことがあったとしても、普通日常の教室の中で意見が対立したときに Win-Win-Win の関係になるような集団、教室をつくりたいと強く思います。

　教室で「さあ、ディベートをやるぞ」ときちんとした形をつくってディベートをすることは年に何回かしかできないと思います。

　ただ、ディベート的な話し合いを仕掛けることはできます。肯定と否定の役割は決められませんが、ディベートをやるときと同じように、意見を言い合う中で子どもたち一人ひとりが、常に、聞いている側、つまり別の意見を言っている周りの友達にも思いを至らせて、自分の意見をはっきりと言い切れるようになることが、ディベートを行うことの究極の目的ではないかと、私は考えています。

　そんなことから、私の教室での話し合いは「ディベートです」と言っているのです。

③ 「学級ディベート」で個の確立した集団を育てよう

　前項で紹介しましたように、私は過去20年以上にわたって、ディベート指導を実践し、追究してきました。

　ディベートにおける話し合いは、一つに決められた正解、「絶対解」を求めるのではなく、議論を深めながら「納得解」に迫っていくものです。その過程の中に、子どもたちが成長するきっかけがあり、子どもたち同士で成長させ合う場もあるのです。そこでは、私が教室の中で求める「考え続ける人間を育てる」ことができるのです。

　一斉授業は、「挙手→指名→挙手→指名」と教師と一人の子どもとの関係の中で、正解を確認し、誤りを正しながら淡々と進んでいきます。正解を言えない子どもは授業の枠の外でずっと疎外感を感じているのが実態です。

　今日の全国の教室の子どもの実態は多様です。特別な支援を必要とする子ども、気になる子ども、外国にルーツをもつ子どもなど、本当に様々です。そんな一人ひとりの個性が違っている中で、同じ場所で同じ時間に同じ方法で伝えようとすること自体がすでに無理なことだと考える方が自然です。

　多様な個性の子どもたちを、教室の机に向かわせて「静かにしなさい。はい、この問題を解いて」と、これまでどおりの一斉指導をしていては、子どもたちがその窮屈さに耐えられず、学級が落ち着かない状態になっていくのは必然です。そうした子どもたちを「問題のある子」として排除の方向に進んでいることに、私は大きな悲しみと同時に、強い憤りを感じざるを得ません。

　私は、これまでに「『授業観』試案」を①②と提案してきましたが、このたび③をまとめました。

　これらは、「成長の授業」を具体化する様々な実践と、それを支える「圧倒的な」様々な取り組みを中心として、真のアクティブ・ラーナーを育てていこうとするものですが、③では特に、教師から子どもへの「感化」の部分に重きをおいた裏のめあてを示し、知識を重視した一斉

指導から、変容重視の授業観への転換をめざそうと考え、まとめたものです。

　この中で、ディベートは大きな役割を果たしますが、教師と子どもをつなぐ「成長ノート」や、子ども同士をつなぐ「質問タイム」「ほめ言葉のシャワー」といった日常的な取り組みにより、教室が安心・安全の空間になることで、豊かな対話のある学びが可能となり、白熱したディベートができるのです。

　話し合いの土台になるのは、学級づくりです。学力や人間関係、多様な個性がある教室で、一人ひとり違うことに価値があるということを皆が認識し、自分らしさを尊重し合い、認め合う土台を確実なものとしてつくることによってこそ、内容を伴った話し合いが成立するのです。

　「意見を発表しても、友達に笑われたらどうしよう」「『違います』と言われることが怖い」というような不安を抱えていては、目指す健全な

話し合いはできません。

「自分の意見を主張することは恥ずかしい」「みんなの前で意見を言うことが恥ずかしい」と、考えることをやめてしまうのです。人間関係が薄い学級では、こうした不安が子どもたちに付きまとい、健全な話し合いはできません。

1年間を見通した流れの中で、様々な取り組みを絡めながら、「成長の授業」を創っていくからこそ、私は、ディベートを「学級ディベート」として、これからの教育に不可欠なものとして提案いたします。

● 1つのテーマで2つの立場

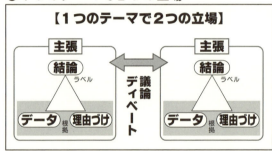

ディベートの特徴の1つに「意見を言う立場は、賛成（肯定）か反対（否定）の2つしかない」ということがあります。別の言い方をすると「1つのテーマで2つの立場に分かれる」ということです。

根拠（理由づけとデータ）を明確にした結論によって主張が成立します。そして、反対の立場に立つ主張同士の意見が交わされることを議論と言い、ディベートは、これを審判のいる競技として行うのです。

「1つのテーマで2つの立場」の具体例を紹介します。

以前、私の教室で行ったディベート「小学校にジュースの自動販売機を設置すべきである」という論題に対する、肯定側立論と否定側立論です。

【肯定側立論】
　今から、論題「小倉中央小学校は、ジュースの自動販売機を設置すべきである」の肯定側の立場で立論を述べます。
　起きるメリットは「貧しい人を救える」ということです。
　なぜこのメリットが起きるかの説明をします。
　この資料を見てください。ペットボトルは服に、缶はアルミ包球に再利用できるのです。また、ペットボトルのキャップは、約430個で10円分です。20円分たまるとポリオワクチンができ、それで一人の命が救えるのです。
　次に、このメリットの重要性を話します。現在、世界の国の中には、病気などで苦しんでいる人がたくさんいます。社会科の学習で学んだとおりです。人の命は重いのです。自動販売機を設置することで、人の命が救えるのですからとても価値が高いのです。

【否定側立論】
　今から、論題「小倉中央小学校は、ジュースの自動販売機を設置すべきである」の否定側の立場で立論を述べます。
　起きるデメリットは「健康に悪い」ということです。
　なぜこのデメリットが起きるかの説明をします。
　この資料を見てください。500ミリリットルのコーラの中に約60グラムの砂糖が含まれているのです。砂糖の取り過ぎは、健康に良くないのです。保健の佐々木先生にも聞いたところ、糖尿病などの病気になる可能性が高いということでした。
　次に、このデメリットの深刻性を話します。私たちはまだ子どもです。保健体育の学習でも学んだように、小学生の時期は体ができるときなのです。この時期に、糖分が多いジュースやコーラなどを飲むことはよくないのです。健康を害する可能性が高まるのです。

●対話そのものを楽しむ

　ディベートをする中で、質問返しをしたり、根拠に対する反論になっていなかったりと、ルール違反をしてしまう子どもがいます。
　そうした場面での指導はもちろん必要ですが、「〇〇君はやる気があふれていたんだよね」など、失敗感を与えない教師の助言が重要です。意欲を継続させて、その失敗を糧にして、次の機会にはもっと頑張ろうとの気持ちをもたせることが大切なのです。それによって、「話し合いを楽しいものだ」と感じるようになっていきます。
　ディベートは、勝敗が伴いますから、子どもたちは、真剣に準備を行い、本番に臨みます。
　結果、勝ったときにはうれし泣き、負けたときには悔し泣きをすることもあります。また、お互いをたたえ合って、抱きしめ合うような場面も教室に生まれます。
「負けたけど多くの学び、成長があった」と勝敗を超えた喜びを、成長ノートに書く子どももいます。
　こうした真剣な実感を伴った体験をする中で、「話し合うことは楽しいこと」だという価値観を育てていきたいのです。
　私の教室では、「今日は話し合いをします」と私が言うと、「やった！」という元気な声が返ってきていました。
　子どもが、話し合うことがうれしい、楽しいと思えると、コミュニケーション力の向上につながっていきます。そして、そうした学びを繰り返していくことで、強い学び手になり、白熱した話し合いができる子どもに育っていきます。
　私の教室で行われていた子どもたちの話し合いの一部分を紹介します。これは、映像が「DVDで観る　菊池学級の子どもたちの成長の事実」（中村堂）の付属DVDに収められていますので、機会があればご覧になってみてください。

【「海の命」の話し合い（一部抜粋）】
○太一の気持ちがガラリと変わったのはどこか？

内川　僕から④への反論をします。こんなっていうのはどこかと聞いたら、岡田君は、③の「この大魚は自分に殺されたがっているのだと思ったほどだった」と言っていました。で、「こんな気持ちになったのは初めて」、その「初めて」というのは、デイリーコンサイス国語辞典で調べたところ…。

菊池　引用と根拠を示す。

内川　「最初」を調べてみると、「一番初め」ということなのです。なので、一番初めというのは、AとBでいうならAのところです。Aが初めてなので、それがAの部分になります。初めてというのは。そして、今回の議題は「ガラリと変わる」ということです。つまり「変わる」ということは、植物で表すと、ずうっと育てていたヒマワリが急にチューリップになるということと同じようなことです。「初めて」というのは、ずうっと芽が出なかったのに芽が出た、つまり、同じものが成長したとか、出たとか、新しいものが芽生えた。そういうことになります。つまり、「変わる」と「初めて」では違います。なので議題と外れています。

曾根﨑　この討論は、その一番てっぺんを求めているんですよ。「ガラリ」のドンピシャの部分ですね。

鶴　一番最初に、岡田君が、行動の前に気持ちが変わったって言ってたじゃないですか？だとしたら、普通はここなんですけど、行動の前に気持ちが変わったってなって、ピナクルの位置がここになるんですよ。

曾根﨑　なぜここが、こう変わったのかってなるじゃないですか。

岡田　AとBはないです。

魚住　ほら、なかったら成立しないんですよ。ないじゃないですか。

内川　待ってください。さきほど、曾根﨑さんが言ったように、今

回の討論はピナクルを求めているのです。そのピナクルというのは、起承転結の転であり、さらにAとB、AとBがあってこそのピナクルなので、AとBがないかぎり、その意見は、すべて認められません。

元山　きっかけがないと、変わっているのが分からないから…。
岡田　AとBは、複数あります。
内川　Bが複数あるのはいいんですよ。Aが複数あってしまうと、変わる、変わる、変わる、変わるで、もう、ガラリじゃなくなるんですよ。
魚住　AとBは何個あってもいいんですよ。でも、それの中で、一番大きく変わったものがピナクルだと言えるんじゃないんですか？
元山　こんなふうになりますよ。
鶴　ピナクルだらけ。
内川　つまり、あなたがたくさんAとBがあると言うのは、一番高いAとBは、どこですか？
魚住　そんなピナクルがいっぱいあったんじゃ、ただの読みにくい物語ですよ。
岡田　私は、あなたたちが、その気持ちが全部含まれているので、ここと思ったので…。
杉森　まず、④ってこの辺じゃないですか？
岡田　あなたたちの意見でいくとですね？
魚住　っていうか、周りの人もそう思っていて、だから、④は、ピナクルをつくるための土台なんですよ。つまり、そこはピナクルではないんです。もしそこで殺す殺さないの気持ちが変わっていたとしても、それは、土台であって、しかも…。
岡田　あああああ―！！！！ちょっと、大丈夫。もう、君は大丈夫。ちょっと待って、まどちゃん（魚住さん）、ありがとう。分かったよ。（握手、拍手）

④ 一斉授業とディベート

　教師の側に正解があって伝達を中心とした授業形態の中でそれを子どもが受け取るだけの「一斉指導」と、「ディベート」は、対極となる授業観をもっていると私は考えています。

　一斉指導とディベート、それぞれの学びの最も大きな違いは、「共に学ぶ」ということと、「一人ひとりの意見を大切にして学ぶ」ということです。

　知識を伝達することが中心となる一斉指導では、正解を答えることが重視されます。正解以外は、誤りとして排除されることは先に述べました。ディベートは、もともと絶対解はありません。チームの中で立論者、質問者など全員が明確な役割を担いながら、発表する機会が全員に保障される中で、チームとして友達と共に学びを深めていきます。

　ディベートは、意見を発表し、反対派からの反論があり、さらに最終意見発表という流れで行われます。相手を説得するにはどのように言えばいいかを、根拠を明確にして話すことが求められると同時に、相手がどのような反論をしているかを理解するために、相手の話を正確に聞くことも求められます。

　こうした議論の流れを整理していくために、次のページの写真のようにフローシート（メモ）をつくります。後から読みやすいようにナンバリングやラベリングをしながら、議論の流れを順に書き込んでいきます。肯定側も、否定側も、審判もこのフローシートを記入します。全員が書いたフローシートがディベートの実施後に残りますから、それぞれの立場で考えたその子らしさを、教師は見ることができます。

　挙手をして答えた子だけが評価をされる一斉指導とは違い、フローシートによって全ての意見を拾い上げることが可能になるのです。ディベートは、全員が活躍する場面がある、全員を生かすことができる学びです。一人ひとりが自分らしさを発揮し、様々な人と協力し合いながら物事をやり遂げるためにはどうすればいいか。そういうことを考え続けられる人を育てることを私は大切にしたいのです。

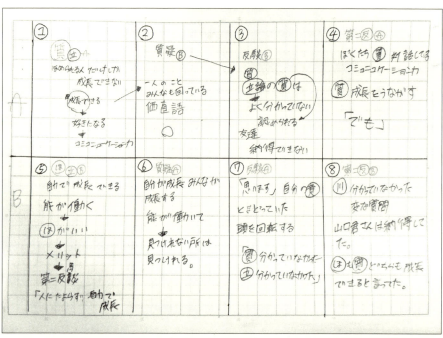
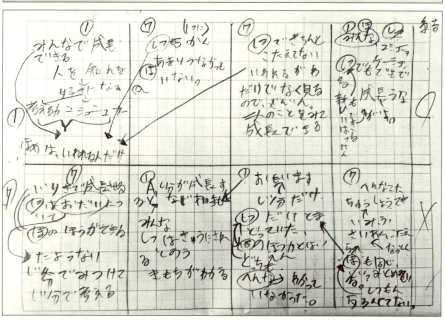

5 ディベートで育った子どもたちの成長の事実

　私は、ディベートをすることを目的とは考えていません。
　したがって、ディベート大会を行ったような場合でも、優勝チームが決まったからといって終わりではありません。子どもたち自身が、ディベートによって何を学んだかを振り返り、その価値を十分に理解させることが、何よりも大切だと考えているのです。
　私は、学習を振り返り、まとめをするときに「白い黒板」という取り組みをします。黒板の中央に「ディベート学習で学んだことは何か」というテーマを書きます。それについて子どもたち全員が、自分の考えを黒板に書いていくのです。学級の児童全員が、平均して一人3～4個の考えを書きます。30人学級で100個程度の考えが書かれることになります。すると、下の写真をご覧いただくと分かると思いますが、黒板は白いチョークの文字で真っ白になります。これを私は「白い黒板」と呼んでいるのです。
　「白い黒板」は、子どもたちが全員で創る学級の象徴であり、黒板を子どもたちに開放することであり、私の教育観が形となって表れたものです。そんなことを踏まえて見ていただきたいと思います。

《ディベート学習で学んだこと何か》

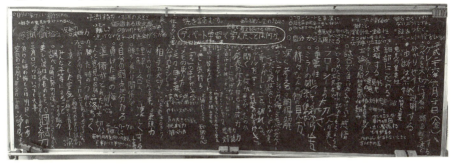

　1．自分の新しい道が分かる
　2．相手の意見を受け入れること

3．感謝
4．助け合い
5．反発力
6．決断力
7．フォロー力
8．空白の１分間→黄金の１分間
9．話すタイミング
10．負けた時の悔しさは、明日への一歩
11．三角ロジックはいつでも大事
12．勝ち負けにこだわらず、内容にこだわる
13．美しい涙は、成長のもと
14．調べた時の努力の違い
15．団結力
16．バカの３拍子はダメ
17．メタ能力
18．みんな平等にすること
19．凛とした空気
20．相手のおかげでいい試合ができる
21．相手の意見も納得する
22．前を向いて話す
23．けんせい（牽制）しあえるようになった
24．勝った時のうれしさ
25．落ち着く
26．人と意見の区別
27．準備がどれだけ大切か
28．チームワークの難しさ
29．審判の方を向いて発表
30．審判として判定する責任
31．負けた時の悔しさ

32. 自分の弱点が分かる
33. 勝ち負け関係なし
34. 理解し合う
35. 凛とする事
36. Win-Winになる事
37. 相手の大切さ
38. 表現力
39. 心を向き合う
40. 公のきびしさ
41. 予測する力
42. 引用の大きさ
43. メモの難しさ
44. 逃げない心
45. 自分のメモ力が分かる
46. チームの絆が分かる
47. メモ力
48. メモの取り方
49. 勝っても涙
50. あきらめない
51. 審判が聞き取りやすいスピード、声で言う
52. 挑戦力
53. 調べる力
54. 「えっ」の恥ずかしさ
55. 正直になること
56. 知的な心
57. 悔しい気持ち
58. 「伝える」は書くのよりも読むのよりも難しい事
59. 切り替えスピード

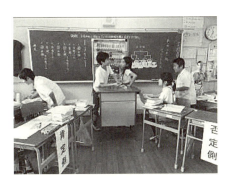

60. 文章の組み立て方
61. 物事をいろんな方向から見る
62. 凛とした態度
63. 負けても勝ってもケンカをしない
64. うそをつかない
65. 先を読む力
66. ノートに逃げない
67. 発表の仕方
68. 何が悪かったのか自己再成力
69. 判定の難しさ
70. 聞く
71. ルールを守る
72. 恥ずかしい心を破れる
73. 「たら」「れば」をしない
74. 悔しさを次のディベートでいかす
75. コミュニケーション力
76. 納得解
77. 深く考える
78. 審判側にも「マザー」「ファザー」「チャイルド」がある
79. 意見を全て受け入れる心の大きさ
80. 臨機応変のきびしさ
81. フローシートを真っ黒に
82. 反論を完全に言えるように
83. ラベルを分かりやすく
84. 自分から調べる
85. 様々な人の物の見方
86. ミラーの関係
87. 重要性について

88. 「分からん」を使わない
89. フローシートの大切さ
90. 試合で負けたくないという感情
91. 一人一人に責任があること
92. 深刻性、重要性をつねに考える
93. どうやったら審判に認めてもらえるか、の工夫など
94. より強い球をなげる
95. 立論、反駁、質問の仕組み
96. チームワーク
97. 意見からの意見
98. 「分からん」を言わないときと言うときの差
99. 相手の目を見て
100. 理解する
101. 細部にこだわる
102. 対抗意識を持つ力
103. 少しのミスが負けの原因
104. 急に緊張するときがある
105. 意見の重要性
106. 質と量
107. 自分のくいがないようにする
108. 話をつなぐ
109. 一人一人に役割がある
110. 油断は禁物
111. 分かりやすく説明する
112. ラベルを大切にする
113. グレーゾーン
114. 頭の回転を速くする

○価値ある敗北感
○素直さ
○向上心
○一人が美しい
○他者と考え続ける価値
　※以上の○印は、菊池が書いたこと。

6 ディベートの実際

以下、私自身が実際に実践したディベート、あるいはディベート的な話し合いの様子をいくつか紹介します。

①5年生12月　社会科
「日本は、食料生産の自給率を上げるべきである。賛成か反対か」

社会科の学習での納得解の話し合いの一つです。お互いに主張し合い、反論し合う話し合いを楽しく感じることができるようになってきた時期です。少しずつレベルアップを図っていきます。

■話し合いのねらい

次の内容を指導しました。
○意見はつくるもの…教科書などに書かれていることだけで思考を止めない
○ターンアラウンド…相手の意見の不十分さをつき、逆に自分たちの主張につなげる
○「番」を考える…話し合い全体をみて、今は何を言うべきかを考える
○エンドレス…相手の意見にすぐに納得せず、意見を考え続ける

意見の見える化を図っていたので、上のようなことを子どもたちの意

見を取り上げながら説明していきました。

■話し合いで成長した姿
　話し合いの流れに沿って、ねらいの4点を説明したので子どもたちの納得度は高かったようです。
　感想にも、
「考え続けることの大切さが改めて分かりました。相手の意見が強くても、すぐに納得するのではなく、逆を考えたり、その確かさを疑ったりすることが大切だと分かりました」
「ぼくは、『番』ということが一番印象に残りました。意見をただ言うのではなく、全体の話し合いがどうなっているのかを考えることが大事です」
といったものが多くみられました。
　この話し合いの後、「冷静な白熱」という言葉も学級に出てきました。

②5年生12月　総合的な学習の時間
「サンタさんは、本当にいるか」

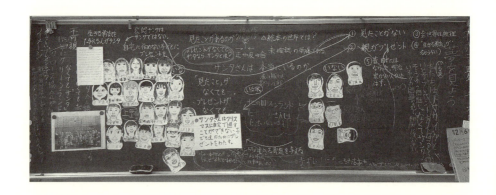

　「納得解」の話し合いです。子どもたちは、3日間で4時間の白熱した話し合いを行いました。互いに納得し合おうと、インターネットで調べ

たり、意見を見える化したりしました。2学期末の定番のテーマです。

■話し合いのねらい
「とことん話し合う」ことをさせました。納得し合うまで話し合いをさせました。12月のこの時期までに、子どもたちはある程度の話し合う力を付けていました。その上のレベルをめざしたのです。
　誰もが体験的にも話すことができるこのテーマで、「みんなで考え続けることを楽しもう」という教室の雰囲気を確かなものにしたかったからです。

■子どもたちの成長の姿
　子どもたちは、4時間止まることなく話し合いを続けました。最初は、「いない派」が多かったのですが、最終的には「いる派」が上回りました。議論は、「不可視」の世界の価値を認めさせた「いる派」が勝っていました。
・議論の見える化を自主的に行う。
・話し合いを自分たちの手で進めていこう。
・「正・反→合」の話し合いをしよう。
　といった話し合いにおける大切な技術や考え方を学んだようです。

　白熱してくると、子どもたちは自発的な動きを見せ始めます。必要に応じて立ち歩き友達と対話をしたり、黒板に意見を書き込んだりします。教師が視界から消えても自分たちで話し合いを進めていきます。

③6年生4月　社会科
「縄文時代と弥生時代、どっちが幸せか」

　意見を述べる楽しさ、相手の意見に反論する楽しさを教えます。「覚える学習」から「考え合う学習」へと学びのあり方を変えていきます。みんなで考え続けることを体験させます。

■話し合いのねらい

　かみ合った話し合いを体験させ、その楽しさを実感させます。ディベートのフローシートのような板書を作ることで、そのことを意識させます。相手の意見に納得しないで、反論し合うことを通して自分たちの主張を成長させていきます。

　考え続けるという学びを体験させる授業です。

■子どもたちの成長

　子どもたちは、この授業の後に次のような感想を書いています。
・社会科の学習は覚えることが中心だと思っていたけれど、相手の意見を聞いて反論したり、すぐに調べて意見を言ったりする勉強だったので楽しかった。
・考え続けていたら、途中で意見を変えようかと思った。楽しくて頭の中が爆発しそうでした。

みんなで意見を述べ合う学習の楽しさ、考え続ける学びの楽しさを感じていました。

授業後の休み時間の様子です。授業が終わっても黒板の前に来て、話し合いの続きをしています。授業後も白熱していました。

相手の意見や反論に対して、自分の意見を考えるということは、思考の幅を広げることにもなります。記憶中心の今までの学習との違いに気付いてきます。

④ 6年生5月　社会科
「奈良の大仏は、もっと小さくてもよかった」

初めて担任した6年生の5月の授業です。知識を機械的に得るだけではなく、必要な知識を使って判断をする、その判断の質を高め合う授業です。ディベート的な授業です。

■話し合いのねらい

話し合いの基本形を教えました。
その中で、
・意見をメモすることで見える化を図る。
・横書きをすることで議論の流れがよく分かる。
・色を変えることでどの立場の意見かが明確になる。
・矢印でどの意見への反論なのかを示し、かみ合わせる。
といったことを理解させようとしました。

■話し合いによる成長の姿

子どもたちにとって、「奈良の大仏は、もっと小さくてもよかった」というテーマは、衝撃だったようです。「大きいのが当たり前」「大きいから奈良の大仏」…といった疑うこともない認識だったからです。
「現在でも『当たり前』だと思っていることも、その反対の立場から考えている人もいるんですよ。例えば、スカイツリーや東京オリンピックなど…」という私の話に、大きくうなずいている子どもが多かったです。
一度疑ってみる、逆の立場から考えてみるといった学びのおもしろさに気付いてきたようでした。

左の写真は、この話し合いをした平成24年度の学級目標です。ディベート的な話し合いをするのだけれども、「あたたかい話し合い」をみんなでめざそうと話し合って決めたものです。「全員」で達成しようと挑戦し続けました。

⑤6年生6月　ディベート大会
「小倉中央小学校にジュースの自動販売機を設置すべきである。賛成か反対か」

　ディベートの概略を説明しました。ディベートの論題は、「小倉中央小学校にジュースの自動販売機を設置するべきである。賛成か反対か」です。論題を示し、言葉の定義を全員で話し合って決めていきました。

■話し合いのねらい
　まず、ディベートの価値やルール、全体の流れを指導しました。
　原理的なルールでもある、
・合意の禁止
・沈黙の禁止
　という2つのルールを押さえ、論理的に考える力が付くこと、問題解決の思考が鍛えられることも教えました。
　そして、論題の言葉について質問を受け、全員で共通理解を図りました。

■話し合いで成長した姿

　子どもたちは、ディベートが単なるゲームではなく、自分たちにも必要な物事を考える力や問題に取り組む姿勢に役立つものだという気持ちになったようです。

　また、ただ意見を言えばいいというものではなく、その話し合いをよりかみ合ったものにするためにも、言葉を共通に理解しておかなければならないということの意味も理解していったようです。

　その後に行ったディベートは、どの試合も白熱しました。子どもたちも自信をもったようでした。

　ディベートの試合は、トーナメント戦で行いました。勝って泣き、負けて泣きの真剣勝負を楽しんでいました。ディベートのもつ様々なルールの意味を、体験を通して学んでいきました。

⑥6年生12月　国語
「『鳥獣戯画』を読む－筆者の一番言いたい段落はどこか」

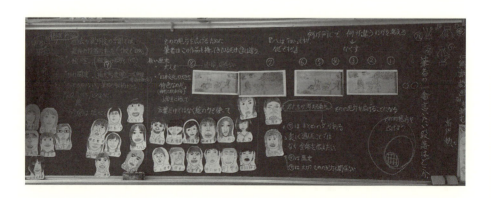

説明的文章の読解です。話し合いのテーマは、「筆者の一番言いたい段落はどこか」です。絶対解の話し合いです。4月からの話し合い授業を経験していた子どもたちは、人と意見を区別して学び合っていました。

■話し合いのねらい

6年生12月の話し合いの授業です。それまでに10数回はこのような話し合い学習を教科領域の中で経験していました。ですから、子どもたちで授業を進めさせました。

黒板の右上にも白のチョークで書いていますが、相手と自分の意見を冷静に比べて、何が同じで何が違うのかをはっきりさせて話し合うようにさせました。そして、その違いはどこからきているのか、その違いを正しく納得させるためにはどうしたらいいのかを考えさせました。

最終的には、子どもたちの力で「決着」をつけることができました。

■話し合いで成長した姿

12月という時期になると、「人と意見を区別する」ということも実感できるようになります。意見の内容だけに集中できるようになるのです。授業中は激しく議論し、休み時間になると穏やかに談笑するという姿が多く見られるようになるのです。

この時の子どもたちもそうでした。
「私たち、意見が違うからさっきまで戦っていたのにね」
と言いがら仲よく遊んでいる子どもたちでした。

自分の立場を決めて、そこに自画像画を貼っているところです。自分の立場をはっきりさせて、友達との対話を楽しみます。人になびかない強さが感じられるようになっています。

7 ディベートにおける10の声かけ

ディベート指導におけるポイントとなる10の声かけを紹介します。

①暴言ではなく主張をしよう
・意見には理由がないといけません

ディベートは、声の大きさや日頃の人間関係で左右されるものではありません。

根拠を丁寧に述べた方が勝つのです。ですから、きちんと根拠を伴った主張をさせます。

特に、肯定側は最初に議論を起こすのですから、その意味をしっかりと伝えます。

②立証責任、反証責任をはたそう
・根拠比べのゲームです

それぞれが、メリットやデメリットが起こるという証明をしなければなりません。

「なぜ、そう言えるのか」という根拠を伴った主張をさせます。
肯定側には立証責任が、否定側には反証責任があることを伝えます。

③相手の意見を読む楽しさを学ぼう
・先を読む力が考える力です

相手チームに勝つことだけが目的にならないようにします。
ディベートの面白さは、相手の意見を「～と言うのではないか」と読むことにあります。
単純に勝ち負けばかりを気にするのではないことを指導します。

④人と意見を区別しよう
・試合後に笑顔で握手できる人になろう

感情的になって相手の人格を否定するかのようなことがないようにし

ます。
　ディベートは、ルールのあるゲームです。両方の立場を体験させます。
　これによって、人と意見を区別するという話し合いで大事なことを理解させます。

⑤空白の1分間を黄金の1分間にしよう
・反省した人が伸びるのです
　中途半端な準備や話の聞き方では、的確な質問や反論ができません。持ち時間の1分間で何もできない状態になります。
　その悔しさを次の試合に生かすことで、真摯な学び手に育ってきます。

⑥意見は、否定し合うのではなく成長させ合うのです
・つぶし合うのではなく豊かにするのです
　相手の意見を否定することだけに気を取られる子どもが出てきます。そうではなくて、主張を否定し合うことで成長させることを意識させます。
　そのためにもメモ（フローシート）をもとに、かみ合った議論になるようにします。

⑦Win-Win-Winにしよう
・みんなが幸せになれる話し合いをしよう
　審判を説得しようとするのではなく、相手チームを攻撃しようとしがちです。
　そうではなくて、第三者の審判を説得するために冷静な議論をするのです。
　自分たちだけではなく、相手チームの審判に対してもプラスになる議論を心がけさせます。

⑧勝敗は準備で8割決まります
・チームを組んで協力して仕事ができる人になろう

　その場でどうにかなるだろう、といった安易な気持ちで試合に臨む子どもがいます。

　準備やチームで協力し合う大切さを伝えます。

　覚えるだけの学びではなく、考え続けるという学びの体験にもなります。

⑨出席者ではなく参加者になろう
・力のある人は、全体のことも考えられます

　チームで行う学習ですが、人任せにしたり自分のことだけしかしなかったりする子どももいます。

　事前の準備や試合中も互いに協力してチームの一員としての自覚を促します。

　全員参加の話し合いをめざすことにつながります。

⑩審判としての責任を果たします
・判定にもその人の誠実さが出ます

　何となく印象だけで判定してしまうことがあります。

　そのような無責任な態度を取らせないようにします。

　判定の根拠を、メモ（フローシート）をもとに責任をもって述べさせます。

第2章

年間を見通した学級ディベート
学級ディベートで主体的な学び手を育てよう

第2章 年間を見通した学級ディベート

学級ディベートで主体的な学び手を育てよう

菊池道場兵庫支部　南山拓也

■「学級ディベート」とは何か

「学級ディベート」の年間を見通した実践について概観していきます。最初に改めて、ディベートについて確認をしておきます。

ディベートは、「理由を明確にして話す、応答関係を楽しむ、ルールのある討論ゲーム」です。概略は、次の通りです。

- 論題（テーマ）が決まっている
- 2つの立場（肯定と否定、AとBなど）に分かれる（自分の意見と試合での立場とは無関係である）
- 根拠を伴った意見を述べ合う
- 互いの意見を質問し、明確にし合う
- 相手の意見に対して、反論を述べ合う
- 審判が客観的に判定を行う
- 判定によって、勝敗がつく

ディベートを学級で取り組む目的について、松本道弘氏は、「ディベートルネサンス　究論復興」（中村堂）で、次のように述べています。

> 教室でディベートをやる目的は、ディベートによって、子どもたちがどんどん活性化して、発見の喜びを知り、自己発見型の学習に変わっていくためである。

また、菊池省三氏も同著の中で、「ディベートの目指す思考力を育てていく教室を実現したい」「日常の中で教室の中で意見が対立したとき

に win-win-win の関係になるような集団、教室をつくりたいと強く思います」とも述べています。

　本来の「ディベート」のもつ特性にプラスして、学級づくりの視点も取り入れたものを「学級ディベート」と呼びます。年間を通した「学級ディベート」指導を行い、対話・話し合いがよりかみ合った質の高いものをめざします。

■年間を見通して学級ディベートを実践しよう
　年間を見通して、「学級ディベート」の目的である「感情的にならずに、人と意見を区別すること」と「相手を尊重しながら話し合うことができること」といった2つの力の育成をめざします。また、「学級ディベート」を通して、子どもたちに「問題解決能力」「情報選択能力」「論理的思考力」「客観的・多角的・批判的な視点」「話し合う力（話す力＋聞く力）」の5つの力を育むのです。
　「学級ディベート」を取り入れることで、学習者である子ども自らが調べたり、他との学びを関連付けたりするなど、主体的に学ぶ姿勢を見せます。また、子ども同士が対話・話し合いを通して、新たな気付き、発見をすることもできます。「学級ディベート」の教育観を取り入れることで、2020年から完全実施される新学習指導要領の「主体的・対話的で深い学び」を実現し、社会に生きる人間として必要な考える力を育てることが可能となります。その年間を見通したグランドデザインは、次のページの通りです。

■1学期前半　話し合いの基礎をつくろう
　1学期前半は、子どもたちにとって新しい学級での学習や人間関係に対して、大きな不安を抱いています。この不安を取り除くために、教師は子どもたち同士が対話を通して、お互いのよさに気付いたり、認め合ったりする関係づくりの場面を設定します。話し合いを成立するためには、子どもたち同士の横の関係性を構築していくことが欠かせないか

らです。「コミュニケーションゲーム」や「ほめ言葉のシャワー」、「質問タイム」などを取り入れ、子ども同士が認め合うことのできる風土を築き、安心感を創り出すことが大切です。

　学習面では、コミュニケーション能力を育てる上で欠かせない話し合いの指導をしていきます。話し合いの基礎となる「意見を言う」「質問する」「説明し合う」といった、根拠を伴う３つの技術を磨く経験を積むことが大切です。根拠の伴う意見や質問、反論をするためには、自分の意見の根拠をリサーチする力、相手の意見に質問するために傾聴する力、相手の意見に対して感情的にならずに反論する力などが必要になります。

　菊池氏は、小四教育技術（2018年１月号）「菊池省三のアクティブ・ラーナーを育てる学級づくりと言葉かけ」（小学館）の中で、話し合うことの価値について、次のように述べています。

> 　話し合いを通して、子どもたちは人と意見を区別する力を身につけ、自分の意見も他者の意見も大事にするようになるのです。個を大切にし、みんなで学び、よりよい集団へと成長する、これが話し合いの価値なのです。

　この「意見を言う」「質問する」「説明し合う」の３つの力を習得するために、ディベート的な話し合いの学習ゲームを授業に取り入れることが最適です。その際、子どもたちと目的や進め方とルールの共有をすることが大切です。また、活動が終わったら振り返ることも重要です。

年間を見通した学級ディベート グランドデザイン 2018

学級ディベートの具体的段階
（丸番号は発言の順番です）

コミュニケーションゲーム
討論ゲーム

		A	○	○	
		B			○
			①	②	③

	立		反
肯	①	②	③
否	④	⑤	⑥

[注]
②、③は、否定側からの質疑と反駁。
⑤、⑥は、肯定側からの質疑と反駁。
※学年の進行に合わせた発展的実践も可能です。

	立	質	引	反
肯	①	②	⑥	⑧
否		④	⑤	⑦

[注]
②は、否定側からの質疑。
④は、否定側からの質疑。
⑤は、肯定側の第1反駁。
⑥は、肯定側の第1反駁。
⑦は、⑥に対する否定側の第2反駁。
⑧は、⑤に対する肯定側の第2反駁。

学年	段階	1学期（4~7月）	2学期（8~12月）	3学期（1~3月）	話し手としての成長	聞き手としての成長	集団としての成長
低学年 一年生	やり取りを楽しむ	話すことの楽しさを味わおう「はじめ・なか・むすび」で話そう	「スピーチと質疑応答」のあり方を経験しよう	応答関係を楽しむ討論ゲームをしよう	・豊見のやりとりを楽しみ、すすんで話すことができる・立論、質問、反論の仕方を知り「はじめ・なか・まとめ」の構成で話す	・楽しみながら聞くことができる・相み立てに気を付けながら聞くことができる・話を聞き比べる・自分の考えと比べながら聞くことができる	・すすんで話をとうとする子どもが増え、コミュニケーションが増す・友達の意見をすすんで聞こうとする子どもが増え、支持的風土が広がる
二年生	討論を楽しむ	判定のルールを確認し、討論ゲームを楽しもう	自分たちで論題を決め、ミニディベートをしよう	反論の仕方を確認し、ミニディベートをしよう			
中学年 三年生	ディベートを楽しむ	判定のルールを確認し、論ゲームを楽しもう自分たちで論題を決めて、ミニディベートをしよう	発言記録の方法を確認し、主題に必要な資料を集めて、立論型ディベートをしよう	結論と根拠の関係を確認し、ミニディベートをしよう主張に必要な資料を集めて、ミニディベートをしよう	・メリット・デメリット方式の話し方ができる・要見の理由を考え、理由を盛定することができる	・話を批判的に聞くことができる・確認したいことを考えながら聞くことができる	・すすんで質問することができるようになり、学習に主体的に取り組むようになる・友達の意見も聞き合論立して話し合えるようになる
四年生	ディベートの形式を活用する	結論と根拠の関係を考え、ミニディベートをしよう主張に必要な資料を集めて、ミニディベートをしよう	結論と根拠の関係を確認し、ミニディベートをしよう主張に必要な資料を集めて、ミニディベートをしよう	結論と根拠の関係を考え、ミニ①ディベートのディベート体験しよう反駁型のディベートをしよう	・結論と根拠の関係を考え、資料を作って立論を作成できる	・論点を考えながら聞くことができる・要点をメモしながら聞くことができる	・人と意見を区別して話したりすることができるように・建設的な議論が可能になる
高学年 五年生	各スピーチの質を高める	議論を振り返り、結論を考えて、どちらの否定側の立論を選択し、立論を作成しよう	資料を可能な限り集めて、ミニディベートをしようメリット・デメリット方式のディベートをしよう	議論の争点を決めて、政策論題のディベートをしよう	・相手の質問を受けて、反論ができる・自分で課題を決め、自分の意見が言える場でも	・結論と理由の関係に気を付けて聞くことができる・結論と根拠の関係を批判的に聞くことができる	・相手の立場に立って学べるようになり、学習に主体的に取り組むようになる・どんな課題についても主体的に、対話的に学習できる
六年生	主張を持って議論する	第2反駁まで含むディベートをしようディベートで身に付けた技術を生かし、いろいろな話し合いができる	第2反駁まで含むディベートをしようディベートで身に付けた技術を生かし、いろいろな話し合いができる	「学級ディベート大会」をしよう	・相手の反論をもとに立論を修正することができる・発表内容、その構成、評価を根拠にし、修正した立論を評価する話し合いができる	・効果的な反論を評価しながら聞くことができる・自分の表現に友達のよさを取り入れるために聞くことができる	・相手の立場、聞き手、判定者の立場が学べるよう・全ての立場が学べるような議論ができる・どんな課題についても主体的に、対話的に学習できる

47

★学習ゲーム「反論でファイト」
　お互いに反論しながら2人で会話を続けていくゲームです。
〇目的
・相手の話をしっかりと聞かないといけないため、会話の基礎となる聞く力がつきます。
・瞬時に反論しないといけないため、論理的思考力を鍛えることができます。
〇進め方とルール
❶2人組になります。
❷先攻が最初に言う台詞は、出だしのコメントを与えられます。
　（例）「夏は暑くて嫌ですね」「大きな家に住みたいですね」「冬のマラソンは辛いですね」
❸それに対して、「そうですね。でも〜」と反論します。
※必ず「そうですね」と相手の考えを受容することがポイントです。
❹そのコメントに対して、もう1人が「そうですね。でも…」と反論します。これを続けます。
❺制限時間まで続けます。次を言えなくなったら負けです。「参りました」と相手に言って降参します。時間が残っていたら、再度チャレンジします。

■1学期後半　「学級ディベート」をしよう

　1学期後半には、ルールのある話し合いである「学級ディベート」を経験させるとよいでしょう。経験を通して、主張の仕方はどのようにすればよいか、質問の言い方、反論の仕方はどうすればよいのかなどの話し合うための技術を学んでいきます。また、「学級ディベート」を通して、考えが互いに広がったり深まったりすることの価値に気付いたり、話し合うことの楽しさや価値を味わったりできます。
〇「学級ディベート」の試合フォーマット
　「学級ディベート」中学年の試合フォーマットの基本型は、次の通りです。

❶肯定側立論（1分）
❷否定側質疑（1分）
❸否定側反論（反駁）（1分）
❹否定側立論（1分）
❺肯定側質問（1分）
❻肯定側反論（反駁）（1分）
❼判定

※議論では後から発言する方が有利になるため、立論（主張）では肯定側が先に主張し、反論では否定側が先になります。
※全ての間に1分間の「作戦タイム」を設定します。

コラム❶「立論型ディベート」をしよう

「立論型ディベート」とは、論題に対してよりよい立論をつくり合う形式です。この形式は、2つの立場に分かれてそれぞれがつくり出した立論の「どちらがより強い立論か」を競い合うものです。学級ディベートを行う前に取り入れることで、子どもたちは議論の技術やルールを体験的に学ぶことができます。また、準備時間の削減や準備が不十分で中途半端になることを避けるなど、子どもたちの負担軽減にもなります（詳しくは、第5章②「立論型ディベート」をお読みください）。

○立論型ディベートのフォーマット
　❶論題に対して、メリット・デメリットをそれぞれ10個ずつ考えだす
　❷その中から、一番意見の強い（説得力のある）ものを選ぶ
　❸代表の立論意見に対する証拠資料を準備する
　❹互いに主張し合う
　❺判定する

コラム❷　三角ロジックを使いこなそう

【三角ロジック】
主張
結論　ラベル
データ　理由づけ
根拠

「三角ロジック」とは、「筋の通った主張」をつくる論理的思考力の基礎となる考え方です。かみ合った議論を行うためには、「結論」「データ」「理由づけ」の３つで議論を組み立てることが大切です。３つの要素については、次の通りです。

結論：自分や相手の言いたいこと、意見
データ：事実、数値、一度証明された主張、客観的な事実
理由づけ：主張とデータをつなぎ合わせる考え方、判断基準
　※データと理由づけの２つを総称して「根拠」と呼ばれています。

　ディベートでは、自分の主張を相手に納得させるため、「なぜ、そう言えるのか」という根拠が重要になります。三角ロジックを使いこなすことができるようになれば、自分の主観で解釈した印象で議論することがなくなり、中身のある話し合いができるようになるのです。

■２学期　学級ディベートを楽しもう～白熱の体験～

　２学期になると、子ども同士の横の人間関係をつくり、自信と安心感のある学級土台ができつつあることでしょう。また、子どもたちは、話し合い・対話の授業を通して、他者と話し合う・対話することの価値や楽しさを見出してくる頃でしょう。そこで、「ミニディベート」（マイクロディベート　以下「ミニディベート」）を取り入れ、「学級ディベート」をより体験的に学ぶようにします。「ミニディベート」とは、３人１組となって肯定・否定・審判を１人ずつが交代して行う形式のことです。１試合が終わったら、それぞれの役割を交代します。３試合行うことで、全員が１回ずつ全ての役割を経験することができます。この時、フローシートにメモする力や聞く力の技術の指導をすることができま

す。そして、立論から反論まで全ての役割を経験することができ、それぞれのパートの役割や方法について、全員が理解を深めることができるのです。

○「ミニディベート」のフォーマット
　❶肯定側立論（1分）
　❷否定側質疑（1分）
　❸否定側反論（反駁）（1分）
　❹否定側立論（1分）
　❺肯定側質問（1分）
　❻肯定側反論（反駁）（1分）
　❼判定

※全ての間に1分間の「作戦タイム」を設定します。

「ミニディベート」を取り組むことの効果は、次の3つです。

　1つ目は、「経験を積むことで、心理的抵抗を少なくすることができる」ということです。1分間という限られた時間の中で、自らの意見を主張したり、相手の主張を聞いたりする経験を普段あまりすることができません。「ミニディベート」で経験を重ねることによって、どのようにすれば時間内に伝えられるか、相手の主張をメモするにはどうすればよいかなどに気付くことができるのです。

　2つ目は、「それぞれのパートの役割を体験的に理解できる」ということです。立論・質疑・反論といったそれぞれのもつ特性を知ることによって、実際の「学級ディベート」の試合で自分はどうすればよいのかを考えやすくなり、自ら考え行動することができるようになるのです。

　3つ目は、「短い時間の中で試合経験を積むことができる」ということです。「ミニディベート」の特徴は、子どもたち一人ひとりが、1単位時間の中で全ての役割を担うことができるということです。「経験に勝るものはない」という言葉があるように、「ミニディベート」の試合経験を重ねることが、子どもたちの力に変わります。ディベートを経験

することで、子どもたちは根拠となる事実を読み取り、自分の立場を明確にし、事実をもとに導き出した意見を述べ、相手を納得させるために討論するようになります。こうして、普段の話し合いもかみ合った議論になり、白熱した話し合い活動に進化していくのです。

このように、手軽に取り組むことができる、いわば「おしゃべり感覚でできるやさしいディベート」といえる「ミニディベート」は、低学年から導入することができます。子どもたちの経験値を高め、話し合う力を付けるのに、「ミニディベート」は、大変有効な活動といえるでしょう。

菊池省三氏は、小六教育技術増刊（2016年8月号）の中で、ディベートの質を高めることについて、次のように述べています。

> ディベートの質を高めるには、社会科や国語の説明文の授業など普段の授業の中で、意見を戦わせるおもしろさを実感させながら指導していくことが大切です。
>
> 私は、次の条件を整えてから、ディベートを行うようにしています。
> ・「納得解」のテーマであること
> ・根拠となる資料や情報が豊富にあること
> ・子どもたちが興味・関心を持ちやすいテーマであること
> ・話題性があり、時期的に適していること（例：12月に「サンタクロースは本当にいるか」を話し合う）

2学期には全体でディベート的な話し合いを随所に取り入れ、子どもたちとともに白熱する経験をしたいものです。

コラム❸「反駁型ディベートをしよう」

「反駁型ディベート」とは、立論を教師がつくり、子どもたちがその立論に対して反論し合うという試合形式です。

反駁とは、「他人から受けた批判等に対して論じ返すこと」です。

反論のように、必ずしも相手の意見を否定するとは限らず、相手の意見を受け入れた上で、論じ返す場合もあるのが特徴です。この形式の場合、教師があらかじめ準備した立論に対して、反論していきます。

菊池省三氏は、いの町寺子屋、中津などで行ったディベート研修の中で、次のような「反駁型ディベート」を紹介しています。取り扱った教材は、5年生社会科「森林のはたらき」の学習です。簡単な反駁型ディベート（論題「日本の小・中学生は、学校にマンガの本を持ちよって、マンガ図書館をつくるべきである」）を行い、相手の意見をよくとらえ、合意しない反論を重ねていくことを試みるというものです。授業展開の詳細については、以下を参照してください。

学習活動	指導上の留意点
1. 論題とディベートの進め方について説明を聞く。	・森林を保護するために紙の節約を考える、論題のような主張があり、その是非を討論するという目的を明確にする。 ・ディベートの進め方を説明し、役割を知らせる。
2. 賛成派・反対派の意見を読み、そこにおける議論をとらえる。	・用意していた立論を読ませ、それぞれにおける議論を図式的に板書する。 賛成意見側：読み捨てる本が減り、紙を節約できる。 反対意見側：マンガに熱中し、授業に集中できない。
3. それぞれの立場で、第1反論の準備を行う。準備を終えると、発表する。	・反論は、相手の議論における理由の部分を否定しなければならないことを知らせ、ワークシートに記入させる。 ・反対側、賛成側の順に複数名発表させる。その内、すぐれた反論を選択させて、その内容を図式的に板書する。
4. それぞれの立場で、第2反論の準備を行う。準備を終えると、発表する。	・第2反論は相手の第1反論への反論であり、相手の反論によって否定された部分の回復であることを知らせる。 ・発表された反論は、第1反論の場合と同じように取り扱う。
5. 判定をする。	・反論の有効性を観点に自己評価させ、判定とする。

また、「反駁型ディベート」のフローシートは、次の通りです。

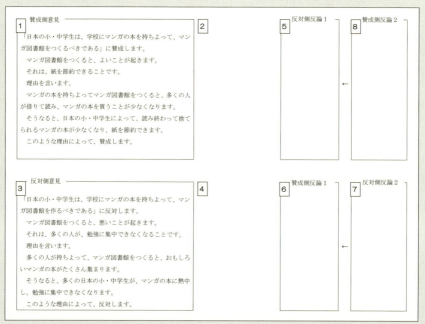

　フローシートを使って、子どもたちはメモの方法や議論の組み立て方を学んでいきます。
　このような活動を通して、子どもたちは「反駁型ディベート」の形式について、体験的に学ぶことができます。「立論型ディベート」とともに、このようなスモールステップの形式を用いることで、議論の技術やルールを体験的に学ぶことができるのです。

■3学期　学級ディベートを深化させよう

　集団としての高まりが見られ、子どもたちは自分たちの力でよりよいクラスにしていこうという空気を醸し出す3学期を迎えました。自分らしさが発揮できる自信と安心感のあふれるクラスに成長している頃でしょう。
　集団の成長として、Win-Win-Winの関係で学び、話し手、聞き手、

判定全ての立場が学べるような討論ができる姿をめざしたいです。

　3学期は、どんな論題についても主体的、対話的に学習できる姿をめざしたいと思います。グランドデザインでは、5年生の3学期のテーマに、「議論の争点を決めて、政策論題のディベートをしよう」とあります。論題のテーマもだんだんと公社会に通用する人間を育てていく上に、政策論題に移行していくことが望ましいです。その論題には、大きく3つの種類があります。

---

❶事実論題：事実を論じ合う
　（例）「太平洋戦争は侵略戦争だった。〇か×か」
❷政策論題：政策を論じ合う
　（例）「我が社に喫煙室を設置すべきである。〇か×か」
❸価値論題：価値を検証し合う
　（例）「あらゆる戦争は許されない。〇か×か」
「1時間でわかる図解ディベート入門」松本道弘（PHP出版）より引用

　「学級ディベート」を通して、相互の反論をもとに立論を修正することができたり、相手の質問を受けて、反論したり、効果的な反駁を評価しながら聞いたりすることができるよう、年間を通して聞き手、話し手の力を育てたいものです。そして、子どもたちを主体的な学び手に育てたいものです。

資料 小学校国語科教科書(平成27年〜)における「話し合い・討論」の単元・教材一覧

光村図書

学年	実施月	単元名・教材名
1年	2月	ふたりでかんがえよう　これは、なんでしょう
2年	2月	みんなできめよう
3年	9月	5 進行を考えながら話し合おう 　つたえよう、楽しい学校生活
4年	4月	よりよい話し合いをしよう
5年	9月	4 考えを明確にして話し合い、提案する文章を書こう 　明日をつくるわたしたち
6年	5月	学級討論会をしよう

教育出版

学年	実施月	単元名・教材名
1年	5月	みつけて　はなそう、たのしく　きこう
2年	9月	七 話し合ってきめよう 　「グループはっぴょう会」をひらこう
3年	11月	二 話し合って、みんなの考えをまとめよう 　係の活動について考えよう
4年	9月	八 よりよい話し合いの仕方を考えよう 　クラスで話し合おう
5年	9月	六 立場を決めて話し合おう 　「意見こうかん会」をしよう
6年	5月 10月	二 話し合って、考えや意見を一つにまとめよう　グループで話し合おう 八 意見を出し合おう　未来の自動車－パネルディスカッションをしよう－

東京書籍

学年	実施月	単元名・教材名
1年	11月	「すきなものクイズ」をしよう
2年	11月	あそびのやくそくを話し合おう
3年	11月	グループで話し合おう
4年	11月	クラスで話し合おう
5年	7月	立場を決めて討論をしよう
6年	7月	問題を解決するために話し合おう

学校図書

学年	実施月	単元名・教材名
1年		
2年	11月	②話し合って考えをまとめよう やってごらん　おもしろいよ
3年	11月	②学級会で話し合おう クラスレクリエーションをしよう
4年	11月	②問題を解決するために話し合おう 自分の安全は、自分で守ろう
5年	11月	②立場を決めて討論しよう より良い考え方はどっち？
6年	11月	②新しい課題を見つけるために話し合おう パネルディスカッションをしよう

三省堂

学年	実施月	単元名・教材名
1年	2月	クイズでおしえます
2年	2月	コンテストに出すこまをきめよう
3年	9月	よりよいクラスを作ろう
4年	9月	安全について考えよう
5年	2月	動物とともに生きるために
6年	2月	平和な世の中を築くために －パネルディスカッション－

コラム 日本にディベートを紹介した福澤諭吉

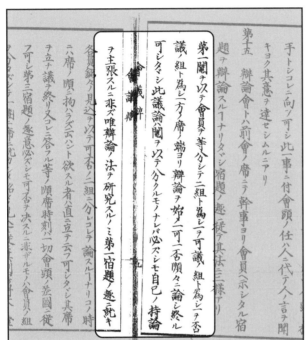

　福澤諭吉・小幡篤次郎・小泉信吉が 1873 年 (明治 6 年) に著した「會議辯 (会議弁)」では、それまでの日本は、「學者ノ議論モ商賣ノ相談モ政府ノ評議モ市在ノ申合セモ一トシテ正シキ談話ノ体裁ヲ備ヘ明ニ決着ヲ為シタルコ (コト) ナシ」という状況であるから、西洋の方法をもとに議論を進めることが必要だとして、その方法を紹介している。
　その中の「三田演説会序」の章の「式目の項第十五」に示された方法は、ディベートの進め方そのものである。
・会員を等分して二組に分け、可議の組と否議の組とする。
・可議と否議が、順々に論じる。
・議論は、自己の持論を主張するためではなく、弁論の方法を研究するためである。

※「會議辯」の画像は、国立国会図書館ウェブサイトから転載

第 3 章
対話力を付ける
コミュニケーションゲーム

1. 低学年向け
   - どっちが好きスピーチ
   - 好きなものを10個聞き出そう
   - なぜですかゲーム
   - なかよししつもんゲーム
2. 中学年以上向け
   - なぜなぜならゲーム
   - よってたかって質問ゲーム
   - でもでもボクシング

第3章 対話力を付けるコミュニケーションゲーム

1 低学年向け

菊池道場北九州支部　神吉満／菊池道場熊本支部　橋本慎也

● どっちが好きスピーチ

1. ねらい

　２つのものを比べ、どちらが好きか理由を伴わせてスピーチをするゲームです。理由を伴わせて話すことで、聞き手に分かりやすく説得的に話す力を付けます。

2. やり方

　①どちらが好きか比べるテーマを提示する。
　②テーマについて、スピーチする内容を考える。（2分）
　③グループでどっちが好きスピーチをする。（1人1分）
　④聞いていて「なるほど」と思ったスピーチを選ぶ。

3. ゲームの実際

　「今から、どっちが好きスピーチをします。このゲームは、聞き手に『なるほど』と思わせるように話す力を付けるゲームです。今回のテーマは、『いぬＶＳねこ』です」
　とゲームのねらいを明示してから、比べる2つのテーマを提示します。
　「このテーマについて、自分が好きだと思う方を選んで、理由を付けて話してもらいます。こんな感じです」
　とスピーチの仕方を例示します。子どもたちは「分かる！」と興奮気味に話そうとします。そこで、
　「今から、スピーチを考える時間を2分間取ります。メモをしてもいいです。それでは始めましょう」
　子どもたちは、楽しそうに考え始めます。時間になったら4人1組く

らいのグループの席にしてスピーチをします。

「今から、順番にスピーチをしていきます。『なるほど』と思うスピーチをした人を選んでもらうので、真剣に聞いていきましょう。時間は1分です。1人目の人から、お願いします」

スピーチのスタートは、そろえた方がいいでしょう。始まる前に拍手、終わった後にも盛大な拍手をするようにします。

「私は、犬の方が好きです。なぜかというと、呼んだらすぐに来るし、お座りとかお手とかもして、かわいいからです」

低学年の初めは、これくらいのスピーチができたら大いにほめるようにします。上手に話せることも大切ですが、話す楽しさに触れることを一番に考えるようにします。

最後にグループの中で、「なるほど」と思ったスピーチを発表してもらい、みんなで拍手を贈ります。

4. 指導上の留意点

低学年では、理由が1つ言えたら合格とします。学年が上がるにしたがって、理由を2つ、3つと増やしていくといいでしょう。そのときに、ナンバリングなども教えていくようにします。

また、理由が、2文3文と増えていったり、理由の中に証拠となるようなものが入ったりしたときには、すぐにそれを取り上げて、そのよさを教室全体に伝えるようにしましょう。

このゲームでは、スピーチ原稿を覚えて発表するのではなく、話すことを意識させるようにします。話すことに慣れていない子どもは、初めのうちは抵抗があるかもしれませんが、繰り返すうちに慣れていきます。原稿を書いて読もうとする子どもがいたら、話すことを意識するよ

うに声かけをしていくとよいでしょう。コンテスト形式にして、どんなスピーチがよいのかを考えたり、スピーチに対して、質問する時間を設定したりするなど、活動を発展させていくのもよいでしょう。

●好きなものを10個聞き出そう

1. ねらい
　質問して相手の好きなものを10個聞き出すという、単純なゲームです。時間内にたくさん質問するので、短時間にたくさん聞き出す力を付けます。また、自分や友達のことを知るきっかけとなります。

2. やり方
　①2人組をつくり、じゃんけんで質問する人と答える人を決める。
　②質問する人は「○○は、好きですか？」と質問する。
　③答える人は、「はい」か「いいえ」で答える。
　④10個の「はい」を聞き出せるまで質問を続ける。
　⑤役割を交代して、②～④を繰り返す。

3. ゲームの実際
　「今から、『好きなものを10個聞き出そうゲーム』をします。決められた時間にたくさん聞き出すことができたら○です」
　と話した後、1人指名して、デモンストレーションしてみせます。
『ラーメンは好きですか？』
「はい」
『仮面ライダーは好きですか？』
「いいえ」
『ミッキーマウスは好きですか？』
「はい」
　子どもが、「はい」と答えると、指を折って数えるように伝えます。そして、10個目の「はい」が出たところで、

『やったあ！イエ〜イ！』

とハイタッチします。

「隣同士でじゃんけんをして、勝った人が質問する人、負けた人が答える人です。制限時間は、3分間です。用意、スタート」

子どもたちが、質問を始めると教室中に、笑顔があふれ、いろいろなところから笑い声が聞こえてきます。質問が思いつかなくて困っている子どもがいたら、少し大きめの声で、

「なるほど、国語や算数などの、勉強の好き嫌いか。いいね」

「ペットにできる動物の好き嫌いも聞けるね」

と、別のペアの質問を紹介して、ヒントとするといいでしょう。

また、好きか嫌いか決めきれずに、答えられない子どもがいたら

「あまり深く考えなくてもいいからね。『どちらかというと』で考えたらいいよ。明日嫌いになってもいいからね」

と言葉かけをしてきました。

2人とも質問したらゲームは終わりです。多くの場合、子どもたちは

「もっとやりたい！」

と言ってきます。でも、それには、あまり応じないようにします。

「また今度するから、それまでに、質問の修行をしていてくださいね」

と伝えて終わるようにしました。1年を通して、何度も繰り返し行うのがよいでしょう。

4．指導上の留意点

必ず出てくるのは、好ましくない質問です。原則、嫌な気持ちになる人が出る質問はダメということを伝えます。芸能人も含めて、人の好き

嫌いに関する質問は原則ダメとした方がよいと思います。
　子どもたちの関係性がよくなってきたら、質問するペアを子どもたちが決められるようにします。自由に立ち歩かせて、ペアをつくらせるとよいでしょう。多くの子どもと関わらせたい場合は、聞き出す好きなものの数を少なくするとよいでしょう。

● なぜですかゲーム
1. ねらい
　話し合いに必要な質問力が身に付きます。また、意見に理由をつけて話そうという意識が高まるゲームです。
　グループ内で対戦をし、一番強い人を代表者に選んで、学級のチャンピオンを決めるのも面白いです。

2. やり方
①2人組になってじゃんけんをする。
②勝った人は負けた人に、「ラーメンは好きですか」「猫は好きですか」「算数は好きですか」などと質問をする。
③負けた人は「はい」「いいえ」で答える。
④質問する人は「なぜですか」と続けて質問をする。
⑤答える人は、「なぜかというと〜だからです」と理由を答える。
⑥制限時間内で、④⑤を繰り返す。

3. 指導上の留意点
　質問に合った理由になっているかどうかは、最初は厳密でなくても構いません。理由を考えることを楽しむようにします。
　慣れてきたらルールを付け加えて勝ち負けをつけると盛り上がります。3秒で質問や答えができなかったら負けとか、質問の内容を限定するとか、クラスの実態に応じて考えていくとよいでしょう。

●なかよししつもんゲーム

1. ねらい
　「なかよししつもんゲーム」は、友達同士で質問し合うことで、お互いのことをよく知り、もっと仲良くなるための対話活動です。それだけでなく、なかなか友達と話ができない子どもたちも、すすんで質問して友達とコミュニケーションをとることができます。

2. やり方
①教師がゲームのやり方と行うことの価値について説明する。
②4人1組のグループを作り、1分間で1人に他のメンバーが次々と質問をする。質問の数を「正」の字で記録する。
③質問数を黒板に記録する。
④作戦タイムをとり、たくさん質問をするための作戦を考える。場合によっては、たくさん質問ができているグループの作戦を発表してもらい、意欲を高める。
⑤感想を交流して、活動を振り返る。

	1	2	3	4
1はん	12	21	38	
2はん	21	35	57	
3はん	7	17	23	
4はん	9	18	27	
5はん	13	23	46	
6はん	18	25	39	
7はん	5	12	21	
8はん	15	18	37	

3. 指導上の留意点
　同じ人の連続質問は2回までとし、同じ人ばかり質問しないようにします。
　人が傷つく質問や下品な質問はしてはいけません。
　どうしても答えられないときは「パス」をすることができます。
　ゲームの後の振り返りが大事です。「友達のことがよく分かってよかった」という意見や「最初は少なかったけど、グループで工夫したらたくさん質問ができるようになった」などの意見を価値付け、共有できるようにします。なかなか意見が言えなかった子どもの頑張った姿も紹介するとよいでしょう。

第3章　対話力をつけるコミュニケーションゲーム

② 中学年以上向け

菊池道場北九州支部　神吉満

● なぜなぜならゲーム

1. ねらい
　ペアになって、「なぜ？」「なぜ？」と質問し、それに「なぜなら」と答えていくゲームです。そう考える根拠を明らかにする力を付けます。

2. やり方
　①ペアをつくり、質問する側と答える側を決める。
　②「〇〇は好きですか？」という質問でスタートする。
　③制限時間がくるまで、「なぜ？」「なぜなら」と質疑応答を繰り返す。
　④質問ができなくなったり、答えられなくなったりしたらアウト。

3. ゲームの実際
　比較的話すのが上手な子どもを指名します。
『学校は好きですか？』
「はい、好きです」
『なぜ学校が好きなんですか？』
「友達と会えるし、楽しいからです」
『友達と会えると、なぜ楽しいのですか？』
「え〜っ、それは…なぜかというと…楽しいから…」
　指名した子どもに、みんなで大きな拍手をしてお礼を言った後に、「こんなふうに、相手になぜなぜと聞いていく、『なぜなぜならゲーム』をします。質問する人は、なぜなぜと相手の考えを聞き出す力を付けます。答える人は、自分の考えを丁寧に説明する力を付けます。できるだけ、たくさん受け答えできる方がいいです」

と簡単に説明して、すぐに
ゲームに移ります。質問する
人、答える人が決まったら、
「それでは始めましょう。途中
でゆっくり数えて3秒以上黙っ
てしまったらアウトです。時間
は1分間です。始め」

『テレビを見るのは好きですか?』
「はい。好きです」
『なぜ、テレビを見るのが好きなんですか?』
「なぜかというと、お笑いの番組が面白いからです」
『なぜ…、なぜ面白い…、なぜ面白いと思うのですか?』
「なぜかというと…、それは…」
　ゲームを進めると、その難しさが分かり、頭をひねり始めます。
　時間になったところで、いくつか確認します。
「最後まで、アウトにならずに続けられたペアの人は手を挙げましょう。全部で、何回くらい続けられましたか」
　挙手したペアに、みんなで拍手を贈ります。そして、続いた回数を次の目標にするように伝えます。

4. 指導上の留意点
　1回目は、なかなかうまくいないペアもあると思います。何度体験かするうちに慣れてきます。何度か繰り返すうちにできればいいと思って、声かけするようにしましょう。上手にできるペアがあったら、その様子をみんなに見せて、参考にさせるのもいいでしょう。
「なぜですか?」だけでは、ぶっきらぼうで、相手を問い詰めるような言い方になってしまいます。必ず、「○○はなぜですか?」というように、相手が言った言葉を使って質問するようにします。

また、「なぜ？」だけでは、質問される側が困ってしまうことがあります。「どうしてそう思ったのですか」「理由を教えてくれますか」「どんな時にそう思ったのですか」と、「なぜ？」以外の聞き方も例示するとよいでしょう。相手の答えに対して、「なるほど、私もそう思います」など、いったん共感してから質問するようにするという方法もあります。

●よってたかって質問ゲーム

1. ねらい
　グループで、質問に答える人を1人決めて、残りの人たちで質問していくゲームです。質問をする力、掘り下げる力、チームで協力する力を付けます。

2. やり方
　①4〜5人のグループをつくり、質問に答える人を1人決める。
　②残りの人は、順番に質問する。（全員が質問したら1クール終了）
　③質問に答える人を替えて、②を行う。
　④全員が質問に答えるまで続ける。

3. ゲームの実際

「今から『寄ってたかって質問ゲーム』をします。質問する力や質問を通して掘り下げる力を付けるゲームです。グループで協力して頑張りましょう』

　と話し、誰が質問に答えるのか決めていきます。決めるときには、じゃんけんや指示はしません。黙って、アイコンタクトやジェスチャーで決めていきます。質問する順番も同様にして決めていきます。もしも、上手くできそうにない時には、教師が決めてもよいでしょう。

「それでは、はじめましょう。用意、スタート」
　教師は、時間を計っておきます。
『好きな勉強は何ですか？』
「体育です」
『体育のどんなところが好きですか？』
「思いっきり走ったら気持ちがいいところです」
『体育以外で、好きな勉強は何ですか？』
「音楽です」
　子どもたちは、最初の質問の話題からそれないように、質問をつないで言っていました。そして、1クール終わると、すぐに交代して、次の子どもに質問を始めていました。質問が上手く考えられない子どもがいる場合には、教師が例示したり、チームの人が少し手伝ってもよいことにしたりしてもよいでしょう。
　最後のグループが終わるまで待ち、どれくらい時間がかかったのかを伝えます。そして、
「次、もっと上手にするにはどうしたらよいか、グループごとに意見交換しましょう」
と活動を振り返らせます。

4. 指導上の留意点

　中学年以下であれば、最初の質問の話題からあまりそれない程度であれば合格としてよいでしょう。高学年になると、質問の内容を「掘り下げる質問」に限定していきます。質問する人は、前の人がした質問と、その答えに関連する質問しかしてはいけないということです。関連していない質問をしてしまった場合には、失敗としてやり直すようにします。
　縦に並んだ方が、質問する順番が分かるので、子どもたちは縦に並びがちです。ただ、そうすると前の人がした質問やそれに対する答えが聞きにくくなってしまいます。縦に並んでするのか、輪になってするのか、どうするのがよいのか、子どもたちが考えられるように、教師が言

葉かけをしていくのがよいでしょう。

●でもでもボクシング

1. ねらい
　相手の言ったことに対して、「そうですね。でも…」と反論していくゲームです。相手の発言の中に反論できるポイントを見つけ、すぐに反論する力を付けます。

2. やり方
　①ペアをつくり、最初に話す人を決める。(最初のコメントを提示)
　②最初のコメントに対して、「そうですね。でも」と反論していく。
　③②で出てきた意見に対して、「そうですね。でも」と反論する。
　④制限時間がくるまで「そうですね。でも」という反論を繰り返す。

3. ゲームの実際
「今から、『でもでもボクシング』というゲームをします。相手の言ったことに対して、『そうですね。でも…』と反論を重ねていくゲームです。相手の意見のどこに反論したらいいか見つけ、すぐに反論する力を付けることがねらいです」

　反論も大切ですが、相手の言ったことに対して、「そうですね」と心を込めて言うことの大切さをしっかりと伝えるようにします。そして、実際にやってみせて、モデルを示すのがよいでしょう。
「それでは、始めましょう。最初のコメントは、『やっぱりお金持ちはいいですよね』です。時間は１分です。スタート！」
『やっぱりお金持ちはいいですよね』
「そうですね。でも、泥棒とかが入るかもしれないから心配ですよね」
『そうですね。でも、たくさんあるお金で警備員を雇うといいですよね』
「そうですね。でも、外出するときなど、警備してもらえないときがあるとやっぱり不安ですよね」

『そうですね。でも、ＳＰみたいにいつもそばで守ってくれる人を雇うことはできますよね』
「そうですね。でも…」

　子どもたちは、時間いっぱい反論を楽しんでいました。相手を替えながら、同じテーマで繰り返しすると、苦手な子どもたちもだんだん上手になっていきます。時々、少し変な反論も出てきますが、あまり細かく考えずに進めるようにします。

　最後に、とても上手にできたペアに出てきてもらい、再現してもらいます。そして、それを見た子どもたちに、どこがよいのかを発表させるとよいでしょう。そこでは、反論の上手さだけではなく、うなずきや受容的な態度といったことに気付く子どももいます。そういう子どもを大いにほめ、受容的な態度を教室に広げていくようにしましょう。

4．指導上の留意点

　最初のコメントは、以下のようなものが考えられます。
「歌を歌うと気持ちがいいですよね」
「大きな家に住みたいですね」
「マラソンってきつくて嫌ですよね」
　といったように、身近なテーマで、子どもたちが共感しやすいものがよいようです。

　反論となると、ついつい熱くなってしまう子どももいます。楽しく、にこやかにということを意識させるようにしましょう。熱くなっている子どもの近くに行って、「ニコニコちゃんでいきましょう」と優しく声をかけると、すぐに笑顔に戻ります。

　発展として、ジャッジを入れるものよいでしょう。代表の2つのペアに、「でもでもボクシング」をしてもらい、どちらのペアがよかったのかを残りの人たちで判定するのです。判定のポイントは、「途切れずに言えたのはどっちか」「インパクトがあったのはどっちか」などです。これらについて、話し合いながら、ジャッジをしていくとよいでしょう。

第4章

低学年ディベートの実際

1. はじめに
2. ディベートゲーム　①
3. ディベートゲーム　②
4. ディベート的な話し合い　①
5. ディベート的な話し合い　②
6. 学級ディベートの可能性

第4章　低学年ディベートの実際

1 はじめに

菊池道場北九州支部　神吉満

　低学年でディベートに取り組むのは早すぎるのではないかと思われる方もいるでしょう。低学年では、本格的なディベートをすることはありません。他者と関わる力を高めるコミュニケーションゲームや簡略化したディベートゲームに取り組みます。低学年では、楽しいことに重点を置いて指導します。子ども同士のつながりを大切にしながら、自分から動く、しゃべる、質問する、説明するといった活動に取り組むようにしていきます。

　指導の大きな流れとしては、コミュニケーションゲーム、ディベートゲーム、ディベート的な話し合いのある授業という順序で進めていきます。はじめに取り組むのは、コミュニケーションゲームです。どのゲームも比較的短い時間で実施することができます。授業の始めや終わりの時間を使って、繰り返し実施するようにします。ここでのポイントは、対話的な学習を楽しむ経験を積むことです。何度も繰り返す中で、子どもたちにできる体験を少しずつ積ませていきます。

　低学年でのディベートゲームでは、「ＡｖｓＢゲーム」と「3つのステージのバトル」を紹介しています。これらを実施するにあたって、子どもたちに理解させたいことが2つあります。1つ目は、「勝負がある」ということです。勝負は、はっきりつけるようにします。「数が多い方が勝ち」というように、誰の目から見ても分かりやすい判定基準を提示するようにします。

　2つ目は、「ルールがある」ということです。話し合いにはルールがあるということを、体験を通して子どもたちに実感させることが大切です。ゲームを始める前に「よろしくお願いします」とあいさつをする。終わったら「ありがとうございました」とお礼を言って握手をする。み

んなでハイタッチをする。このような子ども同士のつながりを強くすることは、話し合いのルールとして進める方がいいでしょう。
　そして、ディベートゲームを行った後には、そのディベートゲームが生きるような、話し合いのある授業を実施します。実際の話し合いで、ディベートゲームでの経験が生かされている姿を子どもたちに伝えていくようにします。
　指導のスタンスとしては、どの活動でも、まず教師が中心となって進めるのがいいでしょう。子どもたちが、十分にやり方が分かってきたら、今度は子どもと教師で一緒に考えながら進めていきます。そして、最終的に、子どもたちが進めるのを教師が補助する形で進められるようになるのが理想です。焦らずゆるやかにステップアップしていくようにしましょう。
　低学年の子どもたちは、まだ自分たちのことを客観的にとらえることができません。この時期の教師の評価は、とても大きな力をもっています。教師の肯定的な評価により、子どもたちは自信をもって活動に取り組めるようになります。また、低学年の子どもたちは、教師の態度をよくまねします。教師が肯定的な言葉がけをしていれば、子どもたち同士の言葉がけも肯定的なものになります。そのことが、積極的に他者とコミュニケーションを取ろうとする態度を育てることにつながります。教師自身がもっているイメージの中の60％くらいできていたら、◎の評価をするくらいの気持ちで取り組むのがよいと思います。
　低学年の指導で、気を付けたいことは、指導する内容を高度にする方向に進めないことです。子どもたちの頑張りを見ていると、もっとできるのではと高度なことを望みたくなってしまうことがあります。でも、それはやめましょう。最後の一人まで笑顔で取り組めるように、子どもたちの実態に合った指導を心がけるようにしましょう。
　最初は、なかなかうまくいかないこともあると思います。コミュニケーションの力は、体験を通して伸びていくものです。失敗も含め、たくさんの経験を通して、その力を付けていきましょう。

第4章　低学年ディベートの実際

2 ディベートゲーム①（A vs Bゲーム）
論題「大人と子どもはどっちがとくか？」

菊池道場熊本支部　橋本慎也

1. ディベートとは何か、どんな価値があるかを伝える

　これまで子どもたちは、授業の中で話し合いは行ってきました。発表も三角ロジックを教えていましたので、結論―データ―理由づけを意識した主張は少しずつできるようになってきていました。

　しかし、理由づけがうまく機能していないため、相手を説得できるまでにならないこと、また反論ができる子どもが少ないので意見が深まらないことが話し合いの課題として残っていました。

　その課題を子どもたちに話をして、理由づけや反論が上手になる練習の方法として「ディベート」という話し合いの方法があるのでやってみようということを提案しました。ディベートについては、他の話し合いとどう違うかを、簡単に次のように説明しました。

> 1つのテーマについて、意見の違う2組で、一定のルールに従って話し合い、最後に勝ち負けが判定される話し合い

2. 論題と形式について

　論題については、低学年では「弁当と給食はどっちがいいか」といった「AかBか」といった選択型の論題の方が、「Aすべきである」という主張型の論題より話し合いやすいと考えました。なぜなら、選択型の方が心理的に対等の立場に立ちやすく論じやすいと考えたからです。

　次に形式は、まず自分の考えが活かせるように、学級を自分の考えをもとに2つに分けて、教師が司会をしながら立論―質疑―反論の形式でクラス全体で一緒に進めていくようにしました。

3. どのような力を付けるか

菊池省三先生は「動画で見る　菊池学級の子どもたち」（中村堂）の中で、ディベートで育てたい力として次の2点を挙げられています。

・感情的にならず、人と論を区別する。
・相手を尊重しながら話し合うことができるようにする。

この2つは、「かんじょうてきにならないで話し合う」「相手のいけんをだいじにして話し合う」と置き換え、話し合いの際に気を付けることとして黒板に掲示しておき、話し合いに臨むようにしました。

また、低学年であり、学習の始めであるので、「ディベートを楽しむ」ことを一番に考えるようにしました。

4. 指導言について

まず、話し合いの心得としての「かんじょうてきにならない」「相手のいけんをだいじにして話し合う」ということが話し合いの中でできるように声がけをしていきました。

また、理由付けが弱いという実態があったので、理由を書く際に自分の経験と重ね合わせて書くことを助言したり、話し合いの中で「どうしてそう思ったの」「同じような経験があったの」などの問い返しを行ったりするように心掛けました。

5. 活動の実際（2時間扱い）

第1時

まず、前述したように、「ディベートとは何か」「することにどんな価値があるのか」について話しました。

次に、話し合うときに気を付けることとして、「かんじょうてきにならないで話し合う」「相手のいけんをだいじにして話し合う」ということを確認しました。

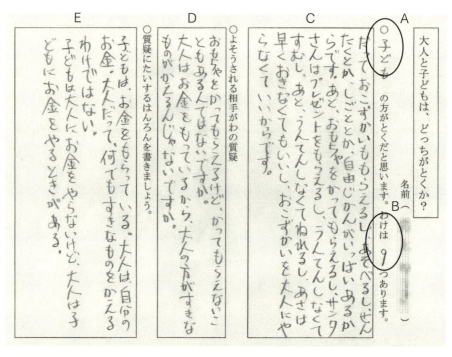

　次に論題を提示しました。論題は「大人と子どもはどっちがとくか」です。しばらくどちらが得と思うか自由に意見を聞いた後、上のような学習シートに自分は大人側か子ども側かについて立場を明確にして書かせました。(A) そして、自分の立場で意見を発表することを「立論」と言うことを教えました。まず自分の考えを書かせます。(C) 自分が考えた数を書くようにしたことで、たくさん探して書こうという意欲を高めることができました。(B)

　次に、ディベートでは自分の意見に質問をする「質疑」が次にあることを説明し、自分の立論に対する「予想される相手側の質疑」を書くようにしました。(D)

　そして最後に、その相手からの質疑に対して、どのように反論するかを考えて書いておくようにしました。(E)

　教師が一つずつ説明しながら一緒に進めていくようにして、個別にど

ういうことを書けばよいか指導しました。早く書き終わった子どもは、自由に友達と意見を交換したり、書き方が分からない子どもに教えたりしました。

第2時

　教室の左半分に19人の子ども側、右半分に15人の大人側に分かれて座りました。

　まず、立論で大人側から意見を5分間発表しました。教師は意見を子どもに確かめながら黒板に書いていきます。次に子ども側からの立論を5分間行いました。

　続いて質疑ですが、その前に作戦タイムを5分間行いました。子どもたちは黒板の相手の意見を見ながら、どんな質問を誰が

行うのか、などを集まって相談していました。教師は作戦タイムでどのようなことを話し合えばいいかを助言していきます。この作戦タイムが次の質疑の意欲を高めていきます。

　その後、質疑です。今度は子ども側から5分間の質疑を行いました。質問に対して答えたい子どもが立ち、指名なし発表で行いました。教師は、どのような質問をすればよいのか、また質疑に対してどのように答えればよいのか等を、その話し合いの中で具体的に指導していきました。

　大人側からの質疑を5分間行った後、最後に言いたいこと「反論」の時間としてお互いに3分間ずつとりました。

　最後に判定を行います。判定は「話し合いをして、どちらの意見に納得したか」を挙手で行いましたが、自分の側に挙手する子どもがほとんどで、判定としては今回は引き分けということにして、課題が残る形になりました。

第4章 低学年ディベートの実際

③ ディベートゲーム②（3つのステージのバトル）

論題「どうぶつ園のどうぶつと野生のどうぶつはどっちがしあわせか？」

菊池道場熊本支部　橋本慎也

1. 話し合いの形式について

　話し合いの形式をディベートゲーム①では、クラスを半分に分けて全員で一緒に話し合いを行いましたが、ディベートゲーム②では、3～4人のグループをつくり、そのグループの対抗戦で行うようにしました。できるだけ全員が発表できるように、立論を行う子どもと反論を行う子どもを違う子どもにするようにして、質疑は全員で行うようにしました。

　また、話し合いの全体が終わってから判定するというのではなく、各ステージで判定を行い判定がしやすいようにしました。

	立論	質疑	反論
A	①	④	⑤
B	②	③	⑥
	ステージ1	ステージ2	ステージ3

2. どのような力を付けるか

　基本的にはディベートゲーム①で示しましたように、「感情的にならないで話し合う」「相手の意見を大事にして話し合う」ということと、「ディベートを楽しむ」ということに重点を置くようにします。さらに、今回はグループでの対抗戦で行うので、グループで協力すること、特に全員が積極的に話し合いに参加できるようにする、ということを大事にして、実践を進めていきたいと考えます。

3. 活動の実際（2時間扱い）

第1時

ア　やり方を知らせる

　前述の3つのステージのバトルの表を使って、話し合いの進め方につ

いて話をしました。そして、具体的に次ページの司会の進め方を読ませることで、話し合いの仕方のイメージを持たせました。続いて、話し合う形態についても伝えました。

クラスを9つのグループに分けました。1チーム3～4人です。

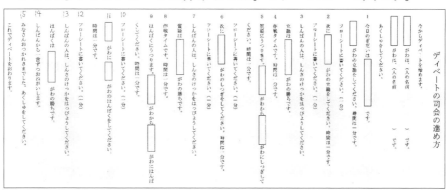

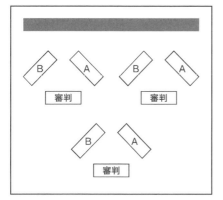

3チームずつに分かれ、その場でA、B、審判をジャンケンで決め、自分の意思に関係なく決まった立場で意見を言わなければならないことを知らせました。

判定については、次ページの評価カードを示し、各ステージで審判

〈活動の流れ〉

第1時
ア　ディベートゲーム②のやり方について知る。
　　　↓
イ　学習シートにそれぞれが自分の考えを書く。
　　　↓
ウ　グループで話し合い、役割を決め、立論や質疑について話し合う。

第2時
ア　モデルディベートを見て、発表の仕方や質疑のやり方、判定の仕方などを学習する。
　　　↓
イ　全員で対戦を行う。
　　　↓
ウ　学習の振り返りを行う

がそれぞれ判定し、その結果を合わせて勝ち負けを決めることを知らせました。

イ　学習シートに自分の考えを書く

今回は、どちらの立場になるか分からないので表裏に印刷し、両方の立場で表裏両方に考えを書くようにしました。両方の立場で書いていくことで、相手の立場に立って考えておくことができ、話し合いの幅が広がるだけでなく、相手の意見を大事にすることができたように思われます。

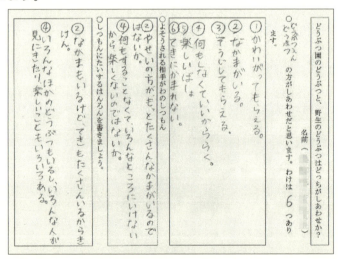

ウ　役割を決め、立論や質疑について話し合う

書いた学習シートを持ち寄り、チームで役割を話し合いました。立論

と反論を行う子どもを決め、全員でどんなことを言えばいいか、意見を出し合ってまとめていきました。

第2時
ア　モデルディベートを行う

代表を希望する2グループに前に出てもらい、教師が司会をして、司会の進め方のマニュアルをもとに進めていきました。

立論では、学習シートに書いてあることに説明を付け加えながら発表すること、紙ばかり見るのではなく、相手に伝えるように相手も見て話すことなどを指導しました。

質疑では、フローシートに記録しておいた立論に対して質問をすること、納得がいかなかったら続けて質問すること、答えるのは誰でもいいが、できるだけ発言が少ない人が優先して答えることなどを指導しました。

反論では、質問されたことに反対する意見を入れること、まだ言えなかった意見も付け加えていいことなどを助言しました。フローシートの書き方についてもよい例を示しながら指導しました。

85

イ　全員で対戦を行う

　3つに分かれてディベートを行いました。司会や判定も司会のマニュアルに従って審判役の子どもが自分たちで行いました。1つのステージが終わった後の作戦タイムで一生懸命に作戦を立てている子どもたちの姿が印象的でした。質疑の話し合いを紹介します。

野生側　　おりの中では自由にできるという意見がありましたが、それで楽しいのですか。

動物園側　私たちも家の中で過ごしていて楽しいことがたくさんありますよね。そして野生は危険なので、少しはきゅうくつだけど安心して暮らせるから楽しいと思います。

野生側　　食べ物を探さなくていいという意見がありましたが、えさをとるのも楽しいんではないですか。

動物園側　野生だと何日もえさがとれないことがあると聞いたことがあります。だから毎日えさが食べられるのは幸せだと思います。

動物園側　付け加えます。えさをとるのにも危険がありますよね。それより飼育員さんにえさをもらったほうがずっと楽だしいいと思います。

ウ　学習の振り返りを行う

　最後に学習の振り返りを行いました。「ディベートを楽しくできた」という子どもがほとんどでした。「感情的にならないで話し合う」「相手の意見を大事にして話し合う」ということに関しては、できたという子

どもたちがほとんどでした。また、聞くこと、話し合うことについても、成長ノートに感想が多く書かれていました。

> ・ぼくは、ディベートをして人の話がよく聞けるようになりました。なぜかというと、人の話をよく聞いておかないと、あい手へのしつもんができないからです。
> ・わたしは人と話すのがにがてだったけど、ディベートをするたびに話すのがすきになって、あまり話さない人とも話せるようになりました。

4. 指導言について

　ディベートの技法については、主にモデルディベートを何回か行ったので、その中で指導を行いました。また、学習シートを書く際や作戦タイム、対戦の中でも指導を行っています。指導言で気を付けたのは、次のような点です。
○全員が取り組めるように、役割を活かしながら協力しているグループの様子を取り上げ、全体でほめるようにした。
○グループがまとまるような態度や言動を行っている子どもの様子を取り上げてほめていった。
○学習シートやフローシートなどの書き方が上手な子どものシートを紹介して、いいところを学ばせていった。

5. おわりに

　2年生でも子どもたちは、ディベートが大好きです。話し合うことの楽しさ、大切さをディベートは教えてくれます。今後も、実態に応じてやり方を工夫して、楽しくディベートをしていきたいと思います。

第4章 低学年ディベートの実際

4 ディベート的な話し合い①

国語「かさこじぞう『おじいさんとおばあさんは、どっちがやさしいか？』」

菊池道場熊本支部　橋本慎也

1. 単元の構想

	時数	主な学習内容
1次	2	初発の感想をもとに、学習計画を立てる。
2次	5	じいさまとばあさまの行動や会話を読み取る。
3次	2	昔話の面白いところを紹介し合う。

本時は2次の4／5です。1〜3時は、かさこじぞうは時代的に子どもたちがイメージしにくい言葉や表現も多いので、場面の様子や行動、会話等を全員で読み取っています。そして読み取ったことをもとに、4／5で「おじいさんとおばあさんはどっちがよりやさしいか」、5／5で「じぞうさまにもらうのはしなものとお金とどっちがよかったか」について話し合いをしました。

2. 指導の実際

それぞれが教材文を通読した後、学習シートに自分の考えを書きました。早く書き終えた子どもは自由に席を離れてみんなの意見を見に行ってよいことにしています。これにより、意見を広げたり反対意見の内容を知ったりできます。

その後、席を移動して黒

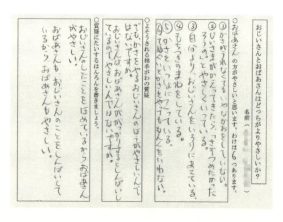

板に向かって左におじいさん側、右におばあさん側が向かい合って座るようにしました。初めにおじいさん側の立論を行い、次におばあさん側の立論を行いました。作戦タイムの後、質疑を行いました。

〈おばあさん側質疑〉
- 手ぬぐいをかぶせたことが、どうして優しいのですか。
- それは、おじいさんにとっては他に持っていない大事な手ぬぐいをじぞうさまにあげたからです。
- かさをあげるとおばあさんも困るんではないですか。
- おばあさんも困るけど、きっとおばあさんは分かってくれると思ったからまだ売れるかさをかぶせたんだと思います。………。

〈おじいさん側質疑〉
- おばあさんは一緒に町までかさを売りに行かなかったから優しくないんではないですか。
- おばあさんは、家でおじいさんが帰ってくるのを寒くないように火をたいて待っていたんだと思います。
- どうしてもちつきのまねをするのが優しいんですか。
- おじいさんがもちつきのまねを始めましたよね。でも、もしかしたらおばあさんはがっかりしてしたくなかったかもしれないけど、明るくするように考えて一緒にしたと思います。………。

　この論題はどちらかに意見をまとめるための論題ではなく、互いに不明確なところを質問し考えることで、より読みを深めるために行ったディベート的な話し合いです。授業の前半に学習シートを書く時間をとったため、質疑で時間が来てしまって反論まで行きませんでしたが、相手の説明の不足した部分を尋ねるという点でディベートの学習のよさが活かされたと思われます。

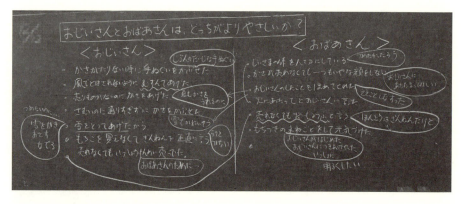

3. 指導言について

○ 情報を集めようと、自分で動いて友達と意見を交流している子どもの姿をほめた。

○ 相手の意見の不明確なところを質問している子どもの見る力をほめた。また、相手の答えにさらに深く尋ねる質問をほめた。

○ 教材文を根拠にして説明をする意見を取り上げて広げていった。

○ おじいさんやおばあさんの行動や会話を、自分の経験と比べながら説明ができるように、子どもへの問い返しを行っていった。

4. おわりに

今回は、ディベートの学習で培った力を国語の授業に活かして実践を行いました。これまでも三角ロジックを意識して授業を行ってきましたが、ディベートの経験は話し合いの質を高めるのにかなり有効であるように感じました。何とか相手を説得したいという切実な思いの場が、子どもたちの言葉や協力を育てていくように思います。

ディベートの練習を行い、それを活かす場を様々な教科で意図的に組み込んだカリキュラムをつくっていくことが大事だと考えます。

第4章　低学年ディベートの実際

⑤ ディベート的な話し合い②
国語「スーホの白い馬『もっと高かったらスーホは馬を売ったか』」

菊池道場北九州支部　神吉満

1．これまでの指導

　子どもたちは、これまでにコミュニケーションゲームに繰り返し取り組んできました。ＡｖｓＢゲームは「ペットにするとしたらいぬかねこか」「朝食に食べるとしたらごはんがいいか、パンがいいか」という２つの論題で取り組みました。３つのバトルでは、「大人と子どもどっちがとくか」という論題でディベートゲームを行ってきました。

2．単元計画

	時数	主な学習内容
1次	2	学習の見通しをもつ　初発の感想を書く。
2次	5	人物がしたことや言ったことから想像を広げて読む。
3次	2	学習の振り返り　関連図書を読む。

　本時は、２次の４時間目に実施しました。

3．指導の実際

　授業の始めに、教材文の最初から、スーホが殿様の家来に殴られるまでを場面ごとに区切り、音読していきました。書いていることを子どもたちとやりとりしながら確認し、簡単に黒板に書きました。

> もっと高ければスーホは馬を売ったか。

　と黒板に書き、「売る派」か「売らない派」か、立場を決めさせました。黒板にネームプレートを貼った後、どうしてそう考えるのか３分間ノートに意見を書かせ、＜売る派＞から発表していきました。

＜売る派＞
○百万円とかすごく高かったら売ると思う。
○スーホは、貧しくて豊かになりたいから、すごく高かったら売る。
＜売らない派＞
○「いつまでも一緒だよ」と言っている。
○地面に倒れているところを自分で見つけた馬だから。
○心を込めて育てた（複数）
○「私は競馬にきたのです、馬を売りに来たのではありません」と言っているから売らない。（複数）

　意見を出し合った後、作戦タイムをとり、反論を行いました。

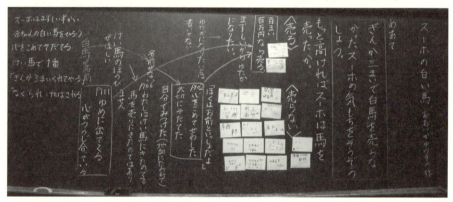

＜売る派の反論＞
「大切に育てたというけど、それはおかしいです。なぜかというと、スーホは白馬と読んでいて、名前もつけてないからです」
「スーホは、競馬に出て、競馬に勝ったら殿様の娘のむこになれるから出たんだと思います」（だから豊かになりたい）

＜売らない派の反論＞
「どれだけ高くても売らないと思います。なぜかというと、スーホは心を込めて育てたからです。すごく大切だからです」
「白馬は、オオカミから羊を守ってくれて、これからも守ってくれるか

らスーホは売らないと思います」
「売らないと思います。なぜかというと、豊かになりたいとは書いていないからです」
「白馬が死んだあと、夢で楽器をつくるようにでてくるけど、これは心通じ合っていたからだから、売らないと思います」

　お互いに反論を言った後、「先生、さっきのに反論したいです」と再反論したいという子どもがいたので、それを認めました。
「スーホは、名前をつけてなかったんじゃなくて、雪のように白い馬だから白馬って名前で呼んでいたんだと思います」

　時間が来ても、もっと言いたいという子どもが多くいました。最後に、話し合いをした後の考えをノートに書いて、授業を終えました。

4．教師の指導言

　低学年なので、どの意見に対しても肯定的にリアクションするように意識しました。その中で、以下のようなことも話しました。
『違う立場の意見を聞くと考えが深まります』
『そう考える証拠になる言葉があると反論が強くなります』
『反論は、ニコニコ笑顔で言いましょう』
『ひとつ残らず反論しましょう』

5．おわりに

　今回の話し合いを通して感じたことは、子どもたちの学習の幅が広がるということです。＜売らない派＞の一人は、白馬が死んだ後の場面から、「心が通じ合っていた」という考えを引き出しています。この意見は、話し合いの終盤で出てきたのですが、友達の考えを聞きながら、読む範囲を広げていった結果のようです。

　「先生あった！」と自分の考えを支える証拠となる言葉を見つけたときの嬉しそうな表情が印象的でした。話し合うって楽しいという経験を低学年のときからたくさん積ませたいと改めて思いました。

6 学級ディベートの可能性

菊池道場熊本支部　橋本慎也／北九州支部　神吉満

　従来の学習と学級ディベートの大きな違いの1つは、正解がないことについて考えるということです。学級ディベートをすると勝敗はつきますが、正解は出ません。勝ったから正解というわけではないのです。確かに「大人と子どもどっちがとくか」「動物園の動物と野生の動物どっちが幸せか」といったこと自体には、大きな価値はないかもしれません。ただ、低学年の時期から、こういう正解がないことについて、考える経験をすることは、とても大切なことなのです。世の中には、正解がないことが多く、子どもたちはそういう世界で生きていくからです。
　ここでは、子どもたちの振り返りや、教室での姿をもとに、学級ディベートの可能性についていくつかの視点から考えていきます。1つ目は、話し合う力についてです。

> 　学んだことは「はんろん」を返せるようになったことです。「勝つぞ」という気持ちがわいてきて、はんろんが返せるようになりました。ディベートでは協力して話し合っていかないと勝てないし、相手をなっとくさせたり、わかりやすくつたえたり、ろんだいに合ったことを言わないといけないので、ぼくは話し合う力がついてきていると思います。

　この子どもは非常によい考えをもっていますが、通常の授業ではなかなかすすんで発表することができませんでした。それが「勝つぞ」という気持ちがわいてきたことをきっかけに、発表できるようになっていきました。今では、グループの中心となって活動するようになりました。学級ディベートは、子どもたちがすすんで発表しよう、相手と意見を交

わそうと思いやすい仕組みになっていると考えられます。
　また、学級ディベートのゲームの後に、
「はあ、意見を言えてすっきりした」
「ケンカじゃなくて、言い合えるのは楽しい」
　ということを子どもたちは言います。このように、言いたいことをはっきりと伝えられて気持ちがよいと体験することができるのです。そして、学級ディベートで発表できた子どもたちは、その後の授業でも自分から発言することが多くなっていきました。自分の考えをはっきり伝えられたという経験が、他者と積極的にコミュニケーションをとろうとする意欲につながっていくのだと考えられます。
　2つ目は、思考の仕方や学び方についてです。学級ディベートでは、聞き手が聞きやすいように、重点先行で話したり、ナンバリングをして話したりします。こうしたスキルは、低学年でも十分に身に付けることができます。もちろん、これらは学級ディベートだから身に付けられるというわけではありません。ただ、学級ディベートは、こうしたスキルを身に付ける場としては、とても有効です。
　また、こうしたスキルは、思考の仕方にも影響してきます。言い合いになりそうな時に、
「なんでそう考えるのかよく分からなかったから、理由をもう1回言ってください」
　というように、相手の議論の根拠を明らかにしようとする発言が、学級ディベートを経験してから、増えていきました。こうした態度は、今後も相手の思考を読むという方向に伸びていくと考えられます。
　また、次のような振り返りもありました。

> 　わたしが一番学んだのは聞くことです。人の話を聞かないと勉強はできません。聞く力は大人になってもやくにたちます。だから、今のうちにしっかりと聞く力をつけていきたいと思います。

学級ディベートを経験したことで、聞くことの大切さについて、実感を伴って、感じることができたのでしょう。このように、自分の学び方について振り返ることができる子どもも出てきました。

> 動物園でどこにいくかまよったときに、ディベートのべんきょうをつかって言ったら「ああ、そうか。」とけんかがおさまったので、学校でディベートをならっていてよかったと思いました。

学級ディベートが終わっておしまいではなく、そこでの学びが生活にまで広がっていった一例です。学級ディベートを通して、思考のスパンが長くなり、自分たちの学び方についてその価値を自覚できるようになっています。こうして、少しずつ自分たちの学びをメタ的にとらえられるようになることはとても価値があることだと言えます。

3つ目は、友達との関わり方についてです。学級ディベートでは、初めのうちは、勝敗にとらわれすぎて、下の振り返りのように、好ましくない関わりが生まれることもあります。

> わたしが反論を言おうとしたけどなかなか言えなかったら同じチームの人から「早く言って。時間がなくなるから早く言って」と言われたからとてもいやでした。

こうした振り返りは、子どもたちによりよい関わり方を考えさせるよいきっかけとなります。子どもたちの関係性がよくなっていくためには、こうした好ましくない関わりを乗り越えていかなければいけません。そのことを意識して指導に当たることはとても大切です。

> チームで話し合うときに「それ、いいアイデアだね」とYくんが言ってくれたので、私は「ありがとう」といいました。

このように友達との素敵な関わりに関する振り返りも出てきます。人間関係を豊かにする振り返りも、学級全体に知らせ、その価値を共有するようにします。
　別の場面では、「先生、Ｉさんは、みんなの前で話せないから、Ｉさんが書いたものを代わりに読んでもいいですか」と、みんなの前では緊張しすぎて話せない友達のそばに寄り添って、一緒に発表することもありました。これは、特殊な場合だったので、特別ルールとして、子どもたちの了解を得て認めることとしました。この寄り添った子どもは、なかなか教室になじめず、学習にも消極的な子どもの一人でした。
　このように、子どもたちは学級ディベートを通して、関係性を深めていくことができます。これは、学級ディベートが、強制的に子ども同士の関わりを生む構造になっているからです。ここで生まれた関わりを、どのように評価し、方向付けていくのかが大切になります。
　また、学級ディベートが、ほかの授業に比べて、能動的に動くことが多いということが、子どもたちの関係性を深めることに関係していると考えられます。学級ディベートでは、これまでの授業では目立たなかった能力にもスポットが当たるからです。つまり、子どもたちの多様なよさが目立つようになりやすいのです。これまで活躍しにくかった子どもたちも活躍できるようになり、その子どもらしさが発揮しやすくなります。教師は、子どもたちの多様なよさを見つけ、子ども同士をつないでいくことを常に意識するようにしましょう。
　最後に、低学年の時期の指導で、大切にしたいことを３つ挙げます。
　１つ目は、とにかくやってみることです。低学年は、言葉で考えるよりも体験から学ぶことを得意とする時期です。どんどん挑戦しましょう。
　２つ目は、楽しさを重要視することです。ちょっとくらい間違っても、楽しめたら合格というくらい、楽しさを大切にしましょう。
　３つ目は、成功体験をつくることです。低学年の子どもたちにとって、教師の評価は絶大です。小さな事実でも、大きく価値付けして、たくさんの成功体験をつくっていきましょう。

第5章
中学年のディベートの実際

- 1　はじめに
- 2　立論型ディベート
- 3　ディベート
- 4　ディベート的話し合い　①
- 5　ディベート的話し合い　②
- 6　学級ディベートの可能性

第5章 中学年のディベートの実際

1 はじめに

菊池道場大分支部　大西一豊

1.「違いを楽しもう!!」

　中学年では、いよいよ本格的なディベートの形式へと移行します。自分の意見を伝え合うだけではなく、「チームごとに違う立場に分かれて、互いの主張を行き交わせて議論し、第三者である審判が判定を下す」形式にステージアップです。加えて、明確なルールも入ってきます。

　中学年での指導の重点は、「違いを楽しむ」ことです。

　これには、3種類あります。

　1つ目は、チーム内での違いを楽しむことです。

　チームで立場に分かれて議論します。ディベートの試合までの準備は、一人だけでするのではありません。一人ひとりがもつ意見を出してチームで話し合いを重ねて協力しながら準備を進めます。チーム内での考えの違いが、より強い立論をつくったり相手の考えを読んだりなど、様々なことにつながります。互いの考えの違いを認め合ってよりよい主張をつくり上げる過程に、楽しい学びの発見があります。

　2つ目は、相手の立場との違いを楽しむことです。

　ディベートには、ルールがあります。ルールによって、勝敗が決します。「相手に勝ちたい」気持ちは、子どもたちの学びの思考を本気にさせ、話し合いに熱中させます。「できることは全てやる」という心の状態まで気持ちも高まります。また、いくら万全の準備をしたと思っていても、相手チームの主張が思いもよらない場合があります。でも、時間

というルールがあるから「待った！」はなしです。「沈黙」も「合意」もディベートでは禁止。そんな時、頭をフルに回転させて即興的に意見をまとめて主張しなければなりません。緊張感も一気に高まります。

「ルールがあって、相手がいて、立場が違うからこそ、本当に楽しいんだ」という発見と経験を通して、「ルールの価値」と「相手への感謝の気持ち」を学び、理解するのです。

3つ目は、判定の違いを楽しむことです。

2つの立場に分かれてお互いに議論した判定は、第三者である審判が下します。勝敗を決する審判の役目には大きなプレッシャーと責任が伴いますので、フローシートで議論の流れを確認しながら「どっちがより納得できるか」真剣に考えます。多くの場合、一人ひとりの判定結果が満場一致することはありません。それは、一人ひとりが納得した理由と意見が違うからです。「人と意見を区別する」それぞれに感じたことや考えたことは違い、いろいろな意見があることを知るのです。それは、自分の見方や考え方を形成したり自他を尊重したり理解したりすることにつながっています。様々な意見に耳を傾ける楽しさと自分の意見をもつことの楽しさが、審判の判定の違いにより学ぶことができるのです。

2．中学年における「学級ディベート」の指導ポイント

中学年での指導の大きな流れとしては、「立論型ディベート」「立論→質問→反駁型ディベート」「ディベート的な話し合い」の順に進めます。

子どもたちは初めて本格的なディベートの形式を経験しますので、ディベートのもつ技術的な特性の指導も必要になってきます。しかし、焦りは禁物。一気に質を上げるのではなく、子どもの実態に合わせて、

スモールステップで経験を積み重ねつつ指導していくことが大切です。

指導のキーワードは、2つあります。

1つ目は、「議論の組み立て」です。

「議論の組み立て」とは、三角ロジックを基にして考えるそれぞれの主張の構成のことです。特に、論題について、それぞれが主張する立論をつくる上で大切になります。どのように議論を組み立てるのかによって、意見の強さが大きく変わります。

意見の強さは、筋道の通った話の構成、メリット・デメリットへの理由づけ、意見の正しさや重要さを証明する客観的な証拠・データで決まります。証拠・データとなる情報は、アンケートやインタビューなどの人から得るものと、図書館やインターネットなどの資料から得るものがあります。収集した情報は取捨選択して活用したり引用したりします。やみくもに収集した証拠を使うのではなく、説得力が増すものや意見を支えるものを立論で活用しなければいけません。この情報の使い方も大切になります。

相手により伝わりやすい「議論の組み立て」が、相手を納得させる主張そのものをつくり出します。

2つ目は、「かみ合った議論」です。

議論の流れをつかむために、発言内容は必ずフローシートやノートにメモします。後から読みやすいように、ラベリングやナンバリング、省略記号などを使いながら書きます。それぞれの立論に対して質問と反論をする場面では、相手の発言内容から引用して行います。

引用せずに自分の主観で解釈した印象で議論すると、話がゆがんだりそれたりしてしまいます。自分の印象だけで議論するのではなく、相手の言葉を引用して議論することで「かみ合った議論」ができます。

3. 中学年の発達段階における「学級ディベート」

　中学年といえば、ギャングエイジの時期。他者への関心と仲間意識が強まり、組織的・集団的に行動することが多くなる時期です。自立心が芽生え始め、人からコントロールされることを嫌い、良くも悪くも、自分たちで考えて判断する自律的な集団行動を好みます。そのため、文句や言い訳が多くなります。人に対して、自分なりの理屈を論理的に考え、自分なりの判断力や批判力をもって、反発します。また、発達の個人差が大きく見られることから、「9歳、10歳の壁」とも呼ばれ、自己に対する肯定感も劣等感ももちやすくなります。

　このような中学年の発達段階において、どんぴしゃりなのが「学級ディベート」です。まさに、子どもたちの発達を成長へと促してくれます。

　ディベートは、「思いやりのゲーム」。広く多くの人の立場を想像して客観的に立論を考えます。発達の個人差があっても、チームで仲間意識を高めながら協力して話し合い、自分たちなりの議論を組み立てます。メンバーの意見を「いいね、いいね！」で肯定的に認め合いながら、人からコントロールされるのではなく、自律的な判断で話し合いを進めます。そして、相手の立場の主張に対して、自分たちなりの理屈で質問、反論します。主観的な理屈ではなく相手の言葉の引用をもとに議論します。「ルールのある話し合い」によって、判定は第三者が行い、「どちらがより相手を納得させたか」で勝敗を決します。役割の自覚や責任意識の高まりを促すディベートによって、自立心は確実なものに近づきます。

　「学級ディベート」は授業だけではなく、中学年の子どもたちの発達を支え、日常生活をよりよいものへ変化させる可能性を秘めているのです。

② ディベート（立論型）

菊池道場大分支部　大西一豊

1. はじめに

①これが、子どもたちの現実なんだ

　2017年4月、4年生の子どもたち36人と出会い、新しい学級がスタートしました。子どもたちの大半は、人前で話すことに苦手意識をもっており、挙手すらできません。静かです。反応は遅く、指名されても答えられません。数人の「決まった子ども」の発言は、自分の言いたいことをだらだらと話すだけで、聞いている子どもたちも内容の理解ができずにほとんど聞いていません。誰かの発言に対して意見することもありません。授業中、先生の声と数人の「決まった子ども」の声で冷え切った教室の空気です。3年生からクラス替えのない学級でしたが、中には声を聞いたことがない人もいたようです。衝撃でした。「いつも発表する人は決まっている」「恥ずかしい」「間違うのが嫌」「間違ったら怒られるから、絶対発表しない」「授業中は、ぼうっとする時間」「発表って何ですか」。実際の子どもたちの言葉です。休み時間は朝から暴言や悪口を言いたい放題、裏で陰口を叩く、悲惨な姿でした。無秩序です。

　このような状態にある学級は、特別ではないでしょう。「静かすぎる学級」には、子どもたちの存在を感じられません。学びに向かう力や学びの楽しさなどあるわけもなく、学校に嫌々登校しているだけの状態です。難しいことはせず、腹が立てば怒り散らして差別し、攻撃です。

②本当は、みんな発表したい

　授業中に発表できない一番の原因は、経験の量です。一人ひとりが教室で自分の声だけが聞こえる経験が圧倒的に少ないのです。そこで、経

験の量を増やすために低学年の「学級ディベート」を実践しました。「コミュニケーションゲーム」「ディベートゲーム」を短時間で繰り返し、自分の意見をもつ経験と自分の声だけが聞こえる経験を重ねました。

　人前で話すことに慣れてくると、「話すことが楽しい」「緊張したけど、発表してよかった」「友達の考えを知れて嬉しい」などのよさを実感した振り返りが多く出始めました。

③立論型ディベートに挑戦

　ここで、いよいよ、ルールのある立論型ディベートに挑戦です。

　立論型ディベートは、よりよい立論をつくり合うものです。2つの立場に分かれて立論を自分たちでつくり上げ、「どちらがより強い立論か」で勝負します。話し方などのコミュニケーション、根拠や主張の組み立てなどによって意見の強さ・弱さが変わることを知り、より強い立論を組み立てることを学びます。1チーム4人で行います。

　以下、基本的なフォーマットです。数字の順番にスピーチします。

| ○肯定側 | ①立論 | 作戦タイム | ②質疑応答（審判） |
| ●否定側 | ❸立論 | 作戦タイム | ❹質疑応答（審判） |

　立論と作戦タイムが1分間、質疑応答が2分間です。質疑応答は、相手からではなく審判長3人（奇数）と教師からチーム一人ひとりに質問され、質問された人が答えなければいけません。

　審判は、「コミュニケーションの責任（声や態度など）」「内容（立論）」「質疑応答（内容の理解度）」「共通理解（チームでの共有度）」の4つの評価項目で勝敗を判定します。「質疑応答」と「共通理解」の評価項目は、ディベートにおいてチーム内での意思疎通をはかり、主張に一貫性をもたせることも大切な要素となるため、一人ひとりの主体的な責任意識を高めるために位置付けました。評価項目ごとに1〜5点の点数を設定し、審判長は合計点で勝敗を決します。その後、「せーの！」で判定し、審判長1票、教師2票の票を入れ、最終的に票数が多い方が

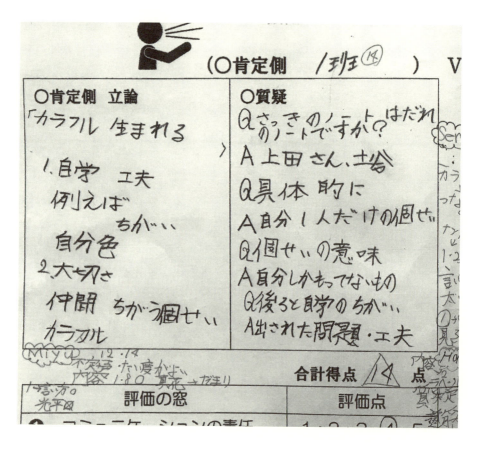

勝ちとなります。審判には「人と意見を区別する」力が求められます。

2. 立論型ディベートの実際

　今回の立論型ディベートの論題は、「宿題をやめて、自学にすべきである」です。学級の現状に合わせて、論題を決定しました。論題はできるだけ日常生活に結び付いた身近なものを設定します。今回の場合この論題に決めた理由は、学級の現状として大半の子どもが宿題に関しての習慣が身に付いておらず、学級内で迷惑をかけてしまう問題が多く見受けられたからです。みんなで宿題をテーマに含んだ論題について話し合

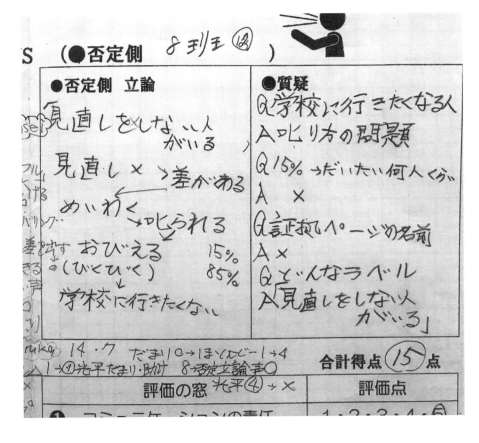

うことで、自分たちの生活をよりよくしようという目的も入っています。

国語科教科書『新しい国語 四下』（東京書籍）に「クラスで話し合おう」という単元があります。役割に応じて、話し合いの目的や中心を捉え、互いの考えの共通点や相違点を整理することが指導内容です。

以下の通り、指導計画を立てて進めました。（時間7：準備4、試合3）
①論題の言葉の意味（定義）を決める

論題の言葉の意味がずれてしまうと、議論がかみ合わなくなります。
そこで、論題について質問させます。今回は、❶「小学校全体か？自分たちの学級だけか？」❷「宿題とは何か？」❸「自学したものは先生

に提出するか？」❹「いつから自学にするか？」の４つの質問が出されました。❶の論題の主語は、「４年２組は」としました。❷は「宿題とは、学校から出された課題を学校以外の場所でするもの」と定義しました。❸は「いきなり家庭学習の全てを自分一人ですることは困難だ」ということで、「自学したものは、先生に提出する」と確認しました。❹のプランについては、「１月から実施」と決めました。

②メリット、デメリットを出す（個人→チーム）
③出し合ったメリットとデメリットの中から１つ選び、ラベルと理由を考える
④パソコン室で証拠を探す
⑤立論を構成する要素を学び、主張を組み立てる

左の写真は、おおまかな立論の構成要素です。

❶起こるメリット、デメリットのラベルを伝える、❷メリット、デメリットが起こる理由や証拠を示す、❸メリットがもたらす「大切さ」、デメリットがもたらす「深刻さ」を示す。

立論型ディベートではここが最も重要となりますので、２時間ほど時間を設定するとよいです。

⑥試合
　トーナメント方式で行いました。互いに練って組み立てた立論を相手の立場と主張し合いました。立論はしっかりと組み立てられていたことが、審判の判定シートからも分かります。

3. 立論型ディベートの考察
①子どもの言葉

　Hさんは、大きなプレッシャーと責任がある審判長を何度もしてくれました。議論の流れを読み、互いの主張の聞き取りに長けた論理的な思考力の高い女の子です。努力家で、チームのため懸命に主張を組み立てメンバーのフォローに尽くしましたが、勝てませんでした。しかし、「自分がダメだった。もっと班のみんなのために何かしなければ」と自分が変化することを第一に振り返っていました。4月当初、声を出すことに抵抗感をもち「一問一答形式の学習が学び」と考え「学習は個人戦」という空気をまとっていたHさんにとって、大きな変容の姿です。

　Hさんは審判長としてのコメントで、次のように話していました。
「内容はどちらもよかったです。否定側の一番よかったところは、共通理解です。Kさんが質疑応答で黙ったけど少しのことだから、他のみんなもKさんも最後まで頑張って質問に答えていたから、5点にしました。あと、4人ともできるだけの声を出していたからとてもよかったです」

　このHさんのコメントに、個と集団の成長が詰まっています。正解を求めることだけが重要なのではなく、目の前に起きている事象に対してどのような自分の考えをもち、何に納得して、どう判断するのか。Hさんは、内容はどちらの立場もよかったことを示し、人の頑張りや努力を判定材料として取り上げました。また、その見えない力の部分によって、少しの黙りを柔軟に認め、判定しています。記憶型の学びだけではなく、他者から学びを獲得する。Hさんの学びの質の高まりを感じます。絶対解重視の一斉指導ではなく、「どちらがより納得できたか？」の納得解で判定する「学級ディベート」だからこそできる学びのあり方です。

②教師のコメント

　教師のコメントには、労いと感謝の言葉が必要です。試合当日までの間に教師の知らないところで一生懸命に準備をしたり、試合中は考えられないほどの緊張感に包まれたりします。また、みんなの前で議論してくれることによって、よりよい見方や考え方の発見とたくさんの学びを与えてもらうことになります。だから、「お疲れさまでした」や「ありがとうございます」の言葉は自然と出てくるとは思いますが、礼儀をもってコメントしましょう。技術以前のことです。

　立論型ディベートでは、よりよい立論をつくり合うことが最大の目的です。評価項目が「コミュニケーションの責任」「内容」「質疑応答」「共通理解」の４つあります。項目ごとに評価コメントはしますが、主に立論の組み立てである「内容」に重点を置いて試合後のコメントを行います。その際、称賛と助言を必ず伝え、全体の次につながるように努めます。称賛と助言、それぞれのコメントをいくつか紹介します。

　肯定側の内容に「ラベルは、『カラフル』が生まれるです」という意見がありました。「カラフル」というのは学年目標の言葉なのです。論題の主語が「４年２組は」ですので、まさに自分たちの日常生活である学級に結び付けた立論です。思わず「おう！」と感嘆の声があがりました。自分たちらしい主張へと発展した瞬間で、大いにほめました。

　アドバイスは、「ナンバリングした理由に差異をつけると説得力が上がる」「ラベルへの理由付けが曖昧だと、ラベルがよくても主張として弱くなる」「資料・データは新しさや正確さをよく吟味して、主張との結び付きが重要」などです。

　自らの経験から学ぶ子どもたちは、急速に成長していきます。自己の変容や技術的な力の高まりを実感しながら学んでいるからでしょう。

4. 終わりに

　右の写真は、朝の7時半。小学校の玄関が開くのは、7時50分。朝寒の季節、前日に打ち合わせをして、立論型ディベートの作戦会議をしています。もう1人はこの後すぐにやってきます。4月、4人とも「発表嫌い」。

　この日、4人のチームはチャンピオン戦まで勝ち進みましたが、3票対2票で試合には負けました。でも、着実に技術を身に付けており、立論の組み立てはピカイチでした。

　試合後、Rくんは人前で話すことで相手と分かり合える楽しさを覚え、Kさんは「次のディベートはいつですか？」と次回に期待して、Kくんは質疑応答で黙ってしまった悔しさから仲間のために努力することを目標にして、Rさんはチームの仲間と多くの時間を共有できたことに価値を見出していました。一人ひとり、自分らしい学びの言葉です。

　さらに、1人の失敗を3人が自己責任で考えていました。ルールがある中で、同じ目標に向かってチームで支え合い、思いやりを広げて協力したことで、集団としての関係性も高まったのです。人を差別することで自分たちの殻に閉じこもっていた状態から、問題は他者ではなく、自分の変容こそが目の前の現状をよりよく変化させ、チームの変容へとつながっていることを実感と共に学んだのでしょう。チームとしてのあり方の質が高まった考え方です。

　ルールに従ってより強い立論をつくり合う立論型ディベートの経験をした子どもたちは、以前よりも積極的に人前で話すようになりました。

　回を重ねるごとに、笑顔も増えました。「話し合いは楽しいもの♪」「まだまだディベートがしたい！」違う立場の相手と主張し合う楽しさを経験し、学びに向かった言葉です。これが学びの本質ではないでしょうか？

第5章　中学年のディベートの実際

③ ディベート（立論→質疑→反駁型）

菊池道場大分支部　大西一豊

1. はじめに

①ルールのない教室

　左の写真は、学級ディベートを経験した後、前年度までの自分たちを振り返った言葉です。他の子どもの振り返りにも、似た言葉が多くありました。前年度までは、勝負に負けた時、文句、言い訳、悪口、嫌み、きつい言葉を言い合い、時には殴り合ってけんかし、泣かし合って相手をいじめていたそうです。言いたい放題、やりたい放題です。また、教室に笑顔はなく、授業は楽しくないもので、怒られるから仕方なく周りの人とやっている「ふり」をしていたそうです。荒んだ心の教室です。

　周りをよく観察し、明るくて素直なEさんは、

> 　3年生の時、間違えて怒られることを怖がって、全員正解だけを考える顔になっていました。楽しくなかったです。私にもみんなにも先生にも問題がありました。私には、『楽しもう』という気持ちがないところ。みんなには、自信をもって意見を言わなかったところ。先生は先生で、みんなの考えを見てくれたらよかったです。

と教えてくれました。

　正解だけを求められ、考えや思いが違うことは悪いことだという空気が教室には漂っていたのでしょう。ルールはなく、ただ「正解者が勝者、不正解者は敗者」の基準だけが存在した教室です。

②立論→質疑→反駁型ディベートで議論する経験を

　ディベートは、互いに違う立場でつくった主張を、保障された時間の中でスピーチし、第三者が「どちらの主張がより納得できたか」で判定、勝敗を決します。「沈黙」と「合意」は禁止。ディベートは、ルールのある話し合いなのです。よりよいものをみんなで考えるためです。

　中学年では、本格的なディベートの形式に近づいた立論→質疑→反駁型ディベートをします。本格的なディベートの形式は初めての経験です。「ルールの価値」を知り、議論する楽しさを味わうことができます。

　立論→質疑→反駁型ディベートでは、議論の流れを読み、お互いの主張で議論をかみ合わせることを学びます。1チーム4人です。

　以下、フォーマットです。数字の順番にスピーチします。

| ○肯定側 | ①立論 | ❷質疑 | ❸反駁 |
| ●否定側 | ❹立論 | ⑤質疑 | ⑥反駁 |

　時間設定は、立論、質疑、反駁ともに1分間です。立論と質疑、質疑と反駁、反駁と立論の間に1分間の作戦タイムが入ります。初めての立論→質疑→反駁型ディベートということもあり、否定側反駁の後に頭と心を落ち着かせるため1分間の作戦タイムを設定しました。

　立論型ディベートとの大きな違いは、相手の立論への質疑があること、質疑の内容を含めて反駁することです。質疑では、相手の立論で理解できなかったこと、確認しておきたいこと、おかしなところについて質問して回答を得ます。「本当か？」と真実を見極めながら、次の反駁へつながる質問をします。反駁では、相手の立論のずれや間違いを指摘して反論し、自分たちの立場の正しさを審判に向かって主張します。

　立論→質疑→反駁型ディベートで最大の目的は、かみ合った議論の展開です。そのため、議論の流れが分かるように、全員がフローシートにメモをしなければいけません。ディベーターは、フローシートで議論の流れを確認して、相手の言葉の引用や相手の主張の弱点探しなどに使います。審判は、印象ではなく議論の流れを読んで判定します。

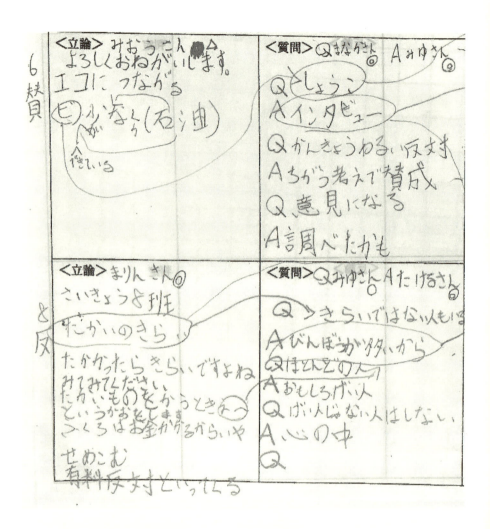

2. 立論→質疑→反駁型ディベートの実際

　論題は、「日出町の全店は、レジ袋を有料にすべきである」です。社会科「健康なくらし」の内容に「ごみ」の単元があります。学習を通して、ごみ袋やレジ袋が有料化されていることを知りました。レジ袋はどこの家庭にもあり、ごみ箱や物の保存に使ったり買い物先でもらったりして日常生活にあふれた身近なものです。今回は社会科の学習の一環と

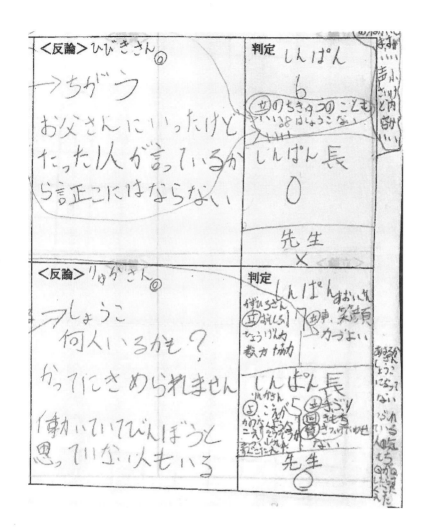

して、立論→質疑→反駁型ディベートを行いました。
　以下、指導の流れです。(時間11：準備7、試合4)
　①社会科教科書を使っての学習
　②立論→質疑→反駁型ディベートについて知る
　③マイクロディベート　論題「宇宙人はいる」
　全員が、立論、質疑、反駁の役割の経験と議論の流れを把握するため

に行いました。質疑では、引用、確認質問、連続質問、閉じた質問、開いた質問などを小刻みに指導しました。反駁では、「反駁の４拍子」である「❶引用❷否定❸根拠❹結論」の組み立てについて指導しました。

　④論題の言葉の意味（定義）を決める

　重要になった主な定義は、❶「全店とは？」❷「レジ袋の値段」❸「レジ袋の大きさと値段の関係」❹「いつから有料にするか？」です。それぞれの定義は、❶「食材を買う店（スーパーマーケット）」❷「すでにレジ袋が有料の店と揃えて５円」❸「大きさに関係なく５円」❹「町がチラシなどで家庭に知らせる時間を考慮し、４月から実施」となりました。

　⑤チームでメリット、デメリットを出し、ラベルと理由を考える
　⑥期間を設けて、調査活動（自宅と教室）
　⑦立論を組み立て、議論の流れを予測して質疑、回答、反駁の準備
　⑧試合　モデルディベート→リーグ戦→チャンピオントーナメント戦
　９チームを３つのリーグに分けました。そのうち、１つのリーグでモデルディベートをしました。立論→質疑→反駁型ディベートの実際のイメージをつかむためです。モデルディベートでは、様々な大事なポイントを丁寧に説明し、全員で確認し合いました。そして、残りの２リーグの試合を行って、各リーグのチャンピオンを決め、チャンピオントーナメントへと進めました。判定は、審判、審判長３人（奇数）、教師の３つの部門での得票数で決め、最終的に獲得したポイント数（3-0か2-1）が多い方が勝ちとしました。うまくいかない場面もありましたが、次につながるようなフォローをしました。少しずつ、でも着実に、一人ひとりの力は高まっていました。

3. 立論→質疑→反駁型ディベートの考察
①子どもの言葉

立論→質疑→反駁型ディベートでは、議論の流れをフローシートで読み取り、相手の言葉を引用して主張し合うかみ合った議論の展開が最大の目的です。経験が増すごとに、議論の展開も審判の判定材料も「内容」重視に変化していきました。最初、審判の判定材料の大半は、「内容（主張や議論の流れ）」より「コミュニケーション（声や態度など）」の部分でした。審判長のRさんが判定材料に使った「内容」は、最初が1個、3回目が6個となり、明らかに議論の流れを読む力が向上しています。フローシートには、矢印、キーワード、省略文字が多くなりました。以下、Rさんの3回目の判定コメントです。

　私は賛成の勝ちにしました。
　まず、❶反対のNさんが立論で命に関わると言いました。だけど、TさんがAさんに質問したとき、❷Aさんは5円だから命に関わらないと言って、❸立論とAさんの言っていることが違います。
　次に、Mさんが特によいと思いました。❹協力できていないとか❺違う意見を言ったとか、❻厳しく反論していたからです。
　あと、反対のNさんとAさんが、Mさんが話している間、ちらっと見たら、2人とも真剣にメモしていませんでした。
　だから、賛成の勝ちにしました。

かみ合った議論の展開は、ディベーターにとっても審判にとっても、議論の流れを読みやすくします。審判は、判定で勝敗を左右するため、とんでもないドキドキ感がある最も責任重大な役割です。だから、審判

が一番成長します。責任意識が高まることで、議論を真剣に読み、懸命に理解し、思考する力が伸びるのです。全員が本気で臨む教室です。

②教師のコメント

　初めてのことには、失敗がつきもの。「よく頑張ったね」「大丈夫だよ」などの言葉と、個と集団の成長が促進するような言葉をかけましょう。教師のコメントは極めて重要です。今回の立論→質疑→反駁型ディベートにおいて、肝になった言葉をいくつか取り上げて紹介します。

　★役割の責任を果たす

　立論、質疑、応答、反駁、審判。全員に役割があります。人任せで無責任な態度は失礼です。チーム内の話し合いや審判としての判定など、人の役に立つような心がけを求めます。貢献し合う関係をつくろう。

　★思いやりのゲーム

　ディベートは読み合戦。自分だけではなく、友達、家族、地域の人など様々な立場の人のことを、常に考えよう。チームの協力も思いやりから生まれるのです。思考の幅も広がります。

　★「空白の1分間」を「黄金の1分間」に

　中途半端な準備によって、質疑と反駁の時間に何もできない子どもがいました。前に立った頑張りを認めつつ、反省を促します。悔しい経験をしっかりと生かして学びの質を高め、次の試合につなげよう。

　★もっと仲良くなれる

　ルールのある話し合いがディベートです。ルールに従って、相手と意見で勝負するからこそ真剣になり、互いを成長させ合うのです。「ルールの価値」を知り、相手と仲間に感謝して相互理解を深めよう。

　★「楽級」「楽校」「楽習」に

　学級のキーワード。自分勝手、好き勝手な楽しさではなく、仲間と本気で学び合う本当の楽しさを。自分もみんなも楽しくって、笑顔になれるディベートをしよう。美しい悔し涙なら大丈夫。

4. 終わりに

試合後、成長ノートで振り返りました。綴られた言葉には、内面の変容に目が向けられ、自分らしい思いが詰まっていました。「勝っても負けても全部に価値がある」「協成（協力がくれる成長）」「勇勝（勇気で難しいことに勝つ）」「人間の笑顔や優しさが浮かんでくる」「楽しくて笑顔、頑張って笑顔、自然と笑顔」「相手の意見も『いいねえ』って認めて、本当はずっとほめ合っている」「ほめ合う勝負が真のディベート」「嫌というより悔しい」「負けよりチャンスを生かせない自分が悔しい」「難しいことも楽しいことに変わる」「ふつうの時間でも、落ち着いて話し合いができるようになった」「こんなに楽しいディベートは、何回も何回もしたい」。
「1. はじめに」のEさんはというと、

> みんな、意見を堂々と言っていたところに驚きました。
> 私は、学校で初めて達成感を味わいました。1、2、3年生ではありません。だから、班やクラス、ディベートを教えてくれた先生に、とっても、めちゃくちゃ、はちゃめちゃ感謝しています。
> 私たちは「一応」優勝したけど、みんな優勝です。なぜならば、私たちは準備ができていないまま試合に挑んだところがあります。でも、みんなは準備100％の気持ちだったからです。
> もう何と言っていいのか分かりませんが、本当にありがとうございました。

と教えてくれました。

かみ合った議論は、傾聴して相手の全てを認めた上で、自分の考えを構築してアップデートさせます。「新しい自分」を育て続ける学びだからこそ、楽しいのです。議論と成長に終わりはありません。

第5章 中学年のディベートの実際

4 ディベート的話し合い ①

菊池道場兵庫支部 南山拓也

1. 概略

　子どもたちは、12月25日のクリスマスが近づくにつれて、「サンタさんに今年はどんなプレゼントをお願いしたの？」といった話題を口にすることが多くなっていました。

　そのやりとりの中で、サンタさんは本当にいるのか、いないのかについて、自然発生的に話し合う子どもの姿が見られました。例えば、「間違いなくサンタさんはいるよ。去年は用意しておいたケーキが食べてあったし、ジュースも飲んでいったよ」と信じている子や、「サンタさんはお母さんがやってるんだよ。だって、お母さんに『プレゼントは何がいいの？』って聞かれたよ」と信じていない子もいました。

　そこで、これを論題にして学級全体でディベート的な話し合いをすると、深い議論になりそうだと考えました。そのために、家庭学習としてサンタクロースがいると考える理由といないと考える理由の両方を準備する課題を出しました。なぜ、両方の立場の考えを準備するかというと、ディベートでは、自分の考えではない立場に立って話し合いを行う特性があるからです。また、両方の意見を準備することで、全員が学びの参加者となってほしいと考えたからです。

　後日、子どもたちが準備してきた課題を見せてもらうと、主体的に学びに向かって、家族にインタビューしたり、インターネットを活用した

りして、証拠となる資料を用意する姿がありました。「早くみんなで話し合いたい」とやる気十分の子どもたちの様子も見られました。

2. ディベート的な話し合いへのステップ（全3時間）
①サンタクロースがいるかどうかについて調べよう
- 家庭学習で資料を集めてくる。
- インターネットや本などを活用したり、インタビューしたりして、説得力のある理由を準備する。
- 他にも話し合いで必要な資料があれば、プリントアウトしたり、実物を持参したりしてもよいこととする。

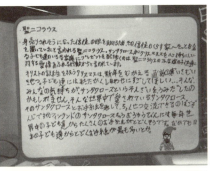

②ディベート的な話し合いに向けての準備をしよう
- インターネットや本を使って、自分の考えを述べる際の追加資料の準備をする。
- ホワイトボードに考えを書くことで、意見の可視化を図る。

③ディベート的な話し合いをしよう
- 「いる」派と「いない」派の2つの立場に分かれる。
- 人数の偏りが多い場合は、子どもたちに呼びかけ、人数調整を行う。
- 立場ごとに時間を決めて、発言する場を保障する。

- それぞれの主張を述べた後は、「作戦タイム」を確保する。
- 活動が終わったら、学びの中でよい姿を価値付けてほめる。

3. 話し合いの実際（子どもたちの発言記録より）

○ディベート的な話し合いの流れ

いる派「立論」	いない派「質疑」	いる派「立論」	いない派「質疑」	いる派「反論」	いない派「反論」	振り返り
・いると考える理由を述べる	・いる派の立論に対する質疑を行う	・いないと考える理由を述べる	・いない派の立論に対する質疑を行う	・いる派の意見に対して反論を行う	・いない派の意見に対して反論を行う	

①いる派「立論」（5分）

まず、いる派の立論からスタートしました。次のような意見が出ました。

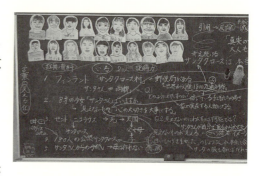

- フィンランドにはサンタクロース村という村があります。サンタクロースが北から南へ移動するのを NASA が確認したという情報がインターネットで紹介されていました。世界中の子どもたちにプレゼントを配るために、サンタクロースの弟子が両親にプレゼントを渡し、両親がツリーの下などにプレゼントを置いているということだそうです。
- 世界には、公認サンタクロースが 180 人もいるそうです。日本にも、パラダイス山元さんという方が公認サンタクロースになっているので、サンタクロースがいることを証明できます。

- サンタクロース村には、郵便局があるそうです。そこには、195か国の子どもたちから約1億1800万通の手紙が届くそうです。これだけたくさんの手紙が届くのも、世界中の子どもたちがサンタクロースをいると信じている証拠です。だから、サンタクロースはいます。

- これは、サンタクロースから届いた手紙です。英語でお兄ちゃんとぼく宛てに手紙が書かれています。この手紙をお母さんがつくることはできないです。

②いない派「質疑」

　次に、いる派から出された意見に対して、いない派から質疑を行います。直前の立論を受けて、より明確にしたい内容について質問をします。

Qサンタクロースは、1億1800万通も手紙が届くと、それに返事を書くのは無理だと思います。どうですか。

Aサンタクロースは、一人ではないです。だから、みんなでその手紙の返事を書くので大丈夫です。

Qサンタクロースが両親にプレゼントを渡すと言っていましたが、空から舞い降りてプレゼントを渡すのは不可解です。どうやってプレゼントを渡すのですか。

A家に入るまでは、サンタクロースは透明の姿になっています。家の中に入ると、その家の実在する人になってプレゼントを渡します。

③いない派「立論」（5分）

- 国語辞典で「サンタクロース」を調べてみると、「子どもたちにいろ

いろな贈り物をしてくれるおじいさん」と書いてあります。また、「おじいさん」を調べてみると、「年を取った男の人」とあります。このことから、おじいさんのサンタクロースが世界中の子どもたちにプレゼントを届けることは難しいから、サンタクロースはいないです。

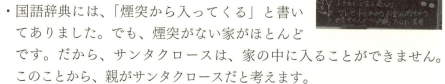

- 国語辞典には、「煙突から入ってくる」と書いてありました。でも、煙突がない家がほとんどです。だから、サンタクロースは、家の中に入ることができません。このことから、親がサンタクロースだと考えます。
- たくさんいるサンタクロースの数だけのトナカイはいません。
- 世界中にいる子どもたちのプレゼントを例えば3000円だと考えると、2億円以上のお金をサンタクロースでもさすがに持っていないはずだから、プレゼントをすることは不可能です。

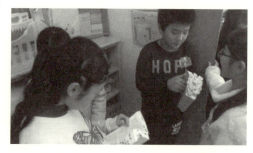

④いる派「質疑」

Q サンタクロース村には工場があって、子どもたちの手紙に書かれたほしいものを作っていると聞いたのですが、お金がかかるから無理だというのは本当ですか。

A みんなに違うプレゼントを作るのなら、たくさんの工場が必要になります。そうしたら、フィンランドが工場だらけになります。だから、工場で作るというのも嘘になります。

Q 自分の家も煙突がありません。でも、クリスマスにはプレゼントが届いています。煙突がない家には入れないのなら、煙突のある家が有利になるのですが、そのことについてはどう考えますか。

A 煙突がない家には、サンタクロースは入ることができません。だか

ら、そのプレゼントはあなたの親が用意したということです。

⑤いない派「反論」(5分)
- 白い髭を生やした赤い服を着たおじいさんなら、そんな格好をすれば誰にだってサンタクロースになることができます。だから、サンタクロースという人物は存在しません。

- クリスマスに届いた手紙は、本当にサンタクロースが書いたのかどうかは証明できません。お父さんたちが書くこともできます。だから、正しい意見ではありません。
- お父さんが、弟がサンタクロースにお願いしようとしていたプレゼントを「別で買ってあげるから、サンタクロースさんには他のものをプレゼントしてもらえるように言っておくね」と弟に言っていました。いないはずの人にそんなことを言うなんておかしいです。

⑥いる派「反論」(5分)
- 何十通もの手紙の内容は、それぞれに合った内容になっています。だから、同じ人が書いて印刷をして配っているものではありません。だから、サンタクロースは本当にいると言えます。
- クリスマスは、キリストの誕生をお祝いすること、神様をお祝いすることだから、みんながハッピーになれます。神様をお祝いするということは、神様の願いとして、子どもも大人もみんなが幸せになってほしいということです。親も子どもたちが幸せになってほしいと願っています。だから、サンタクロースはいます。
- 宅配業者が配達するとしても、鍵がかかっていて入れません。サンタクロースは、特別な能力を使って中に入ることができるのです。
- トナカイが空を飛べないとか、煙突がない家にはプレゼントが届かないと言うけど、絶対にいないとは言えないです。インターネットで、「真実の中の真実は、大人にも子どもにも見えない」とありました。

サンタクロースに会えないのもそういうことだと考えました。

4. 子どもたちの振り返りより
- ディベート的な話し合いは、相手の意見をつぶすのではなく、違う立場だけど、相手も一生懸命に考えていることだから、相手の意見を成長させることができるんだと分かりました。
- サンタクロースのことがいろいろ分かりました。いない派が言っている方が正しいのか、いる派が言っていることが正しいのか悩んだけど、やっぱりいると思いました。考えることが楽しかったです。
- ディベート的な話し合いをすることで、コミュニケーション力などが成長につながると思います。いろいろな人の意見を聴けてよかったです。友達と作戦などを話し合えて、とてもいい授業でした。
- 結局いるかどうかはっきりとしなかったけど、人にプレゼントをあげたいと思う心こそがサンタクロースだったんだと分かりました。クラスの友達のいろいろな意見を聞けてよかったです。
- ディベート的な話し合いをすることによって、より説得力をもつためにインターネットや本などで調べるから「準備力」がつきます。また、質問や反論をする時には相手の意見を聴いて、説得力のある意見にするために集中力がつきます。サンタクロースは、プレゼントをあげること以外にも、希望や夢を与えてくれる大切な存在だと、友達の意見から分かりました。

5. 講評
　振り返りの中で、「サンタクロースがいてもいなくても、私たちは毎年パワーをもらっています」という発言がありました。その発言について、全体に問い返しました。すると、パワーというのは、勇気や笑顔、希望、夢、やる気などをさすのではないかと意見が出ました。これらの言葉や、いる派の反論の中に出てきた「真実の中の真実は、大人にも子どもにも見えない」という言葉をつなげ、サンタクロースはプレゼント

という「見える贈り物」と、これらの言葉のような「見えない贈り物」をしてくれているという納得解へ学びを深めることができました。

6. おわりに

ディベート的な話し合いを通して、子どもたちは、立場の違う人との対話の楽しさを経験することができました。相手をいかに説得するかを考え、事前に調べ学習に励む姿が見られました。これまでには見られなかった学びに向かう主体性や質の向上など、個と集団の変容を感じました。

また、かみ合う議論にするために、話し合い中にメモを積極的に取る子どもがいました。それは、学級ディベートを経験し、相手の主張を引用して話し合おうとする姿勢が育ってきたからです。その結果、サンタクロースがいるかいないかで話し合いが終わることなく、サンタクロースがもたらす「不可視の世界」の大切さまで導き出す、深い次元にまで学び進めることができました。

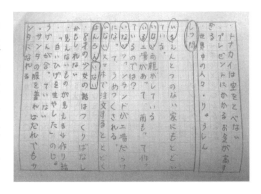

学級ディベートを経験することによって、根拠を伴った意見を述べ合い、互いの意見に対して質問し合う、そして、相手の意見に対して反論し、互いの主張を成長させ合う話し合いが実現します。子どもたちが生き生きと話し合い、主体的に学ぶ姿から、大人である私も話し合いのレベルの高さに圧倒されました。学級ディベートには、主体的な学び手を育てる「観」が多く含まれていると言えます。

第5章 中学年のディベートの実際

5 ディベート的話し合い ②

菊池道場兵庫支部　南山拓也

1．概略（これまでの指導のステップ）

年間を通して話し合いの指導を進めてきました。1学期前半は、「キャッチボールの楽しさ」を経験させることを意識してきました。学級ディベートを成立させるためには、「(ア)意見を述べる力」「(イ)質問する力」「(ウ)反論する力」の3つの力を必要とします。子どもたちに、この3つの力を培うために、コミュニ

ケーションの醍醐味である、相手と「キャッチボールの楽しさ」を経験できる学習ゲームを取り入れました。ゲーム的な要素のある方が、子どもたちの意欲をかき立てることができるからです。

「(ア)意見を述べる力」　・・・「学習ゲーム」
「(イ)質問する力」　　　・・・「友達紹介質問ゲーム」
「(ウ)反論する力」　　　・・・「でもでもボクシングゲーム」

また、子どもたちは、1学期後半には社会科の学習で学級ディベートを経験しました。論題は、「家庭ごみの回収は有料化すべきである」でした。ルールのある話し合いを実際に取り組んでみることを通して、話し合うことの楽しさを学ぶことができました。これらの対話指導を通して、ディベート的話し合いの経験を積み重ね

てきました。2学期には、「ごんぎつね」の最後の場面をテーマに、ディベート的な話し合いに挑戦することにしました。

2. 指導計画・単元計画（全8時間）

時	主 要 発 問
1	ごんは悪いきつねか
2	ごんはなぜいたずらばかりするのか
3	なぜ兵十にいたずらをするのか
4	兵十の母の葬式であることに気付いたごんの気持ちは、どのように変化していったのか
5	いたずらばかりしたごんが、なぜ兵十のところへ栗や松茸を持って行くのか
6	なぜ、ごんは引き合わないと思うのか
7	なぜ、兵十はごんを撃ったのか
8	最後にごんは幸せだったのか (本時)

「ごんぎつね」を初めて読み終わった後に、子どもたちに心に残った場面はどこかについて、感想を書かせた時のことです。多くの子どもたちが、物語の終末部分である兵十がごんを火縄銃で撃つ場面について書いていました。その中でも、「ごんはかわいそうだ」という意見をもつ子どもたちと、「ごんはこれまでいたずらをしてばかりだったのだから、兵十に撃たれても仕方ない」という2つの対立する意見がありました。

　そこで、ディベート的な話し合いの論題を「最後にごんは幸せだったのか」と設定しました。

3. 話し合いの実際

○ディベート的な話し合いの流れ

幸せ派「立論」	幸せでない派「立論」	幸せでない派「質疑」	幸せ派「質疑」	幸せでない派「反論」	幸せ派「反論」	振り返り
・幸せだと考える理由を述べる	・幸せではないと考える理由を述べる	・幸せだと考える派の立論に対する質疑を行う	・幸せではない派の立論に対する質疑を行う	・幸せ派の意見に対して反論を行う	・幸せではない派の意見に対して反論を行う	

　話し合いを行う前に、論題の「最後にごんは幸せだったのか」について、共通理解を図ることにしました。「幸せ」という言葉の定義を共有しておかなければ、抽象度の高い「幸せ」という言葉に対して、個々のとらえ方にずれが生じてしまうと考えたからです。そこで、国語辞典に書かれている「幸せ」の意味である「今の状況に満足し、もうこれ以上の上をめざさなくなるということ」を定義とし、共通理解をしました。次のような話し合いが行われました。

① 「幸せだった」派　立論（6分）
・ごんは自分のやりたいことができました。撃たれてしまったけど、少しはやり遂げることができたはずです。

- 栗や松茸を持って行ったことを最後に兵十に気付いてもらえたので、幸せだったと思います。なぜかというと、その前に神様がやったことと思われて「引き合わないなあ」と思っていたからです。

- 撃たれたことの悲しみもあったかもしれないけど、兵十に自分が栗や松茸を持って行っていたことを気付いてもらった嬉しさの方が大きいと考えます。
- ごんは兵十に撃たれてしまったけど、自分がしたことを分かってもらえたと言えます。教科書の本文にもぐったりとした力の抜けた状態になり、うなずいたと書いてあります。だから、ごんは安心して天国に行ったと言えます。
- 償いに対する悔いがあったごんは、最後にやっと兵十と一緒に気持ちを分かり合えたから、幸せだったと思います。

② 「幸せではない」派（6分）
- 最後の一文に「銃の先から青い煙が細く出ていた」と書いてあります。青色を国語辞典で調べると、ブルーとか憂鬱という意味が書かれていました。そのことから、ごんの悲しい気持ちが表れていると考えました。だから、ごんは幸せではなかったと思います。
- ごんは、死なずに自分の償いを兵十に気付いてもらいたかったはずです。きっとごんは兵十と仲良くなりたかったはずです。
- ごんの償いはまだ途中だったと思います。それなのに、兵十に撃たれてしまって償いができなくなってしまいました。償いをもっと兵十のためにしたかったはずです。
- ごんは、償いの栗や松茸を持って行くことができて幸せだったと思います。でも、撃たれたことは幸せではありません。
- 挿し絵の表情を見ても、幸せそうな表情をしていません。だから、幸

せではないと言えます。
・ごんがしたことに対して、兵十は最後まで神様の仕業と思い込んでいました。気付いてもらうのが遅すぎました。だから、ごんは幸せではありません。

③「幸せではない」派　質疑
Q 栗や松茸を持って行くことができたから幸せだと言っていますが、届けるということが、ごんの目的だったのですか。
A ごんは、自分がしているということを兵十に気付いてもらえていないことが引き合わないと思っています。だから、償うという気持ちもあるけど、苦労して持ってきているということも気付いてほしいという気持ちも入っています。
Q ごんは兵十と一緒に分かり合えたと言っているけど、本当に仲良しの関係なのですか。
A ごんはそう思っているけど、兵十はそうは思っていません。ごんは、分かり合えたと思うことが幸せだと感じています。
Q それが、本当に幸せなのですか。

④「幸せだった」派　質疑
Q 挿し絵ではうっすらとしか表情は分からないが、本当に幸せではないと言えるのですか。
A 目がうっすらと開いています。これは、悲しい表情だと言えます。教科書の挿し絵を見てください。だから、幸せではないと言えます。
Q 表情だけでは気持ちは分からないと思います。ごんの気持ちは書かれていません。それについてはどう思いますか。

⑤「幸せではない」派　反論
（5分）
・最後まで償いを仕上げることが、やり遂げるということです。それなのに、ごんは最後

まででできていません。ということは、ごんはやり遂げていないので目標は達成できていません。だから、幸せではありません。
- ぐったりと力の抜けた状態が安心していると言っていましたが、それは違うと思います。自分が殺されるということは安心できる状態ではありません。きっとパニックになります。それも、親友のように思っている兵十に撃たれるのだから、幸せに思うことはないはずです。
- ぐったりとしている状態は、撃たれた痛みで何も思っていない状態のことです。リラックスしている状態とは違います。だから、幸せではありません。

⑥「幸せだった」派　反論（5分）
- 青い煙がごんの悲しい気持ちを表していると言いましたが、それは違うと思います。撃ったのは兵十で、撃った後に火縄銃をばたりと取り落としています。それは、ごんがいつも栗や松茸を運んでくれると気付いたからです。このことから、この青い煙が悲しい様子を表しているのは、兵十の気持ちです。だから、ごんは少しは償いをやり遂げたという気持ちだから幸せだと思います。
- 気付いてもらったという嬉しさは、ごんにとって間違いなくあります。だから、ごんは幸せだと思っているはずです。

4．子どもたちの振り返りから（成長ノートより）
- 普段の話し合いよりよい話し合いができて、すごく嬉しかったです。理由は、普段の話し合いだとただ言って終わってしまうけど、今日のディベート的な話し合いは、普段の倍の学びになり、その論題がより深まったことです。すごくよい経験になりました。
- 学んだことは協力(チームワーク)です。15人のチームでやっているのに、ただ1人だけで意見を考えても15人の意味がないからです。それと考え方です。教科書も何も見ずに思ったことだけを言うと、ディベート的な話し合いにふさわしくないからです。
- 私は普通の国語や算数の普段の授業よりも、私はディベートの方が大

好きです。みんなが私の目を見て聴いてくれているのが嬉しいです。
・この学習を通して、みんな深いところまで考えていました。このクラス30人みんなは、ディベート的な話し合いの学習で質問する力、疑問を出す力と話し合う力が付いたと思います。30人みんなが話し合い、意見を言い合い、答えを出し合ったことで、みんなが努力、協力の力が身に付きました。

　1学期の学級ディベートの経験が生きた姿が大きく3つありました。

　1つ目は、話し合いの中で「ターンアラウンド」をする姿です。「ターンアラウンド」とは、相手の主張を使って自分たちのチームの勝ちに近づける意見を生み出すことです。子どもたちが相手の主張を聴いている時にメモを取り、引用しながら質問したり反論したりするといった行為を意識していたからできたのです。

　2つ目は、人と意見を区別して学びに参加する姿です。それぞれの立場の根拠を伴った意見を比較しながら、話し合いを行う様子が見られました。質問することで、互いの意見を明確にする姿も見られました。議論することの楽しさに気付いた子どもたちもいました。普段は発言をしない子どもも自ら発言する姿がありました。

　3つ目は、話し合いの最中に自然と拍手と握手が起きたことです。これは、話し合いが白熱し、互いに成長を感じられたからだと考えられます。また、男女関係なく、握手を交わす姿や、黒板の前に行き、話し合

いを続ける姿も見られました。1時間の学びで個と集団の成長を感じることができました。

5. おわりに

菊池省三氏は、教育新聞の連載の中で学級ディベートを体験することの大切さについて、次のように述べています。

> 子どもたちは、ディベートを体験すると、かみ合った議論の楽しさを具体的な体験を通して実感する。単発的な意見を述べ合うだけの今までの話し合いとの違いに気付き、新たな気付きや発見が生まれるという話し合いのもつ本来の価値に気付いていくのである。

子どもたちの振り返りにも、ルールのあるディベート的な話し合いが、これまでの授業の話し合いとは異なるものであるとの気付きが生まれました。また、本気で議論することの心地よさから、子どもたちの「もっと学びたい」という心に火をつけたのでしょう。

教師が一方的に教える授業ではなく、子ども自らが調べ、学んできたことを友達と双方向に学ぶ授業が、このディベート的な話し合いの特徴です。この「ごんぎつね」の話し合いの時間では、普段から発言することに消極的な子どもたちが、自らノートにメモを取る姿や繰り返して発言する姿が見られました。たった1時間ではあったけれども、個々に見ていくと大きな成長を感じることができました。

これらのことからも、学級ディベートのもつ授業観は、知識重視の授業観にはない、これからの時代に求められる「子どもたちを主体的な学び手に育てる」ことができるのです。

⑥ 学級ディベートの可能性

菊池道場兵庫支部　南山拓也

これからの時代に求められる資質・能力として、「様々な情報や出来事を受け止め、主体的に判断しながら、自分を社会の中でどのように位置づけ、社会をどう描くかを考え、他者と一緒に生き、課題を解決していく力が必要である」と教育再生実行会議「これからの時代に求められる資質・能力と、それを培う教育、教師のあり方について（第七次提言）」の中でも言われています。

また、文部科学省の新学習指導要領の答申では、「育成を目指す資質・能力の三つの柱」として、「知識技能」、「思考力・判断力・表現力」、「学びに向かう人間性等」が掲げられています。これらの資質・能力を育む上で、学級ディベートにはたくさんの可能性が秘められているのです。

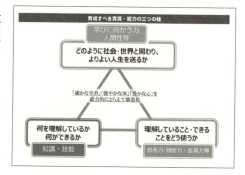

菊池省三氏は、教育新聞の連載で「ディベート」のもつ授業観について、次のように述べています。

> ディベートのもつ授業観は、従来の教師主導の一斉指導の授業観と対極を成す物だと考えている。知識重視の授業観ではなく、変容（価値判断の質の高まり）重視の授業観に支えられているのがディベートのもつ授業観であると判断しているのである。（中略）知識を一方的に教え込むのではなく、主体的な学び手を育てる指導の考え方やあり方が求められているのである。ディベートは、その

「観」の変換を明確に教えてくれているのである。

　このことから、従来の教師主導の一斉指導の授業観とディベートの持つ授業観を比較すると、学級ディベートには子どもたちを主体的な学び手に育てる可能性が3つあると考えられます。

　1つ目は、子どもたちを主体的な学び手に育てるということです。従来の話し合いであれば、どうしても一部の「参加者」だけで白熱した話し合いをすることがあります。それに加えて、教師が話し合いの舵取りをしながら、学び  のゴールに引っ張り上げる授業形態があります。このようなスタイルであれば、正解を求めるような問いであったり、絶対解を求めたりするような問いといった、正解主義的な授業になりがちです。一部の子どもたちでの話し合いになってしまうために、参加しきれない子どもが出てきてしまいます。教師主導の一斉指導を続けると、学びの「参加者」というよりも、その場にいるだけの「出席者」を多く生み出してしまうのです。

　一方、学級ディベートを経験した子どもたちは、立論を言う人、質問する人、質問に答える人、反論する人というように、それぞれが責任をもって臨みます。質問や反論をするためには、相手の言葉を注目して聞いたり、フローシートにメモを取りながら整理したりすることが必要になります。また、仲間が悩んだり困ったりした場合は、すかさず救いの手を差し出すことも必要となります。これまでどちらかと言えば消極的な学びの姿勢であった子も、自分のチームの勝利のために任された役割を果たしたり、メモを書いて困っている友達に渡したりするなど、自分にできることを全うする姿が見られました。他にも、子どもたちの中には相手が納得できるように、家庭に帰っても真剣にリサーチする姿が見られました。このように、学級ディベートを経験することで、子どもが

自ら主体的に学ぶ姿勢が育っていく様子が見られました。

2つ目は、「話し合う力」を向上するということです。この場合の「話し合う力」とは、話す力と聞く力を指します。

特に変容が見られたのは、「論理的に話す姿」です。これまでの授業では、子どもたちは単発的な意見の言い合いや意見の言いっ放しが多く、一見活発そうに見えて、話している内容がどうもうまくかみ合わない様子が見られました。また、先述したような一部の「参加者」が授業を引っ張り、多くの「出席者」を生む授業が多く見られました。

話し合いが成立する条件として、「❶根拠を明確にして、自分の考えをもつこと」、「❷相手の根拠を理解し、質問・反論すること」、「❸感情的にならず、話を進めることができること」だと、菊池氏は述べています。これらの力は、学級ディベートで培うことのできる力です。ディ

ベートは、「異なる意見をもつ人が、いかに正しいかどうかを説明し、聞いている審判を納得させた方が勝ちという、ルールのある話し合い」です。子どもたちは、学級ディベートを経験することで、審判を納得させるために、チームが主張する重要さや深刻さを分かりやすく説明しなければなりません。そのためには、相手の立場に立ってどのように伝えると分かりやすいかを意識するようになります。そして、分かりやすい言葉を使って順序立てて話したり、「show & tell」(資料や具体物を見せながら話すこと)をしたりする姿が見られました。また、「ナンバリング」したり、「ラベリング」したりすること、間をあけること、強調して話すなど、相手に伝わる話し方を意識する姿も見られました。

次に、聞く力で子どもたちに大きな変容が見られたのは、「メモを取る習慣化」です。

学級ディベートでは、相手の主張を聞き取れなくては議論が成立しま

せん。相手の主張を引用して質問したり、反論したりする場合もフローシートのメモを活用することが不可欠です。審判は、肯定側と否定側の主張を客観的に捉え、メモを手がかりにして判定します。その際、フローシートのメモが、判定の判断材料となります。学級ディベートの

ゲームを重ねていくにつれて、子どもたちが一生懸命にメモを取る様子が見られました。その成果として、普段の授業場面でも友達の発言や大切だと思うことをメモする姿も見られるようになりました。今では自然に大切な言葉を聞き逃さないように意識する姿勢が育ってきています。

　３つ目は、個と集団の力が成長するということです。ディベートの技術は、コミュニケーション能力の総合力であると言えます。その主な力として、「喋る（意見する）力」・「質問する力」・「反論する力」・「チーム力」の４つが挙げられます。この４つがなければ、よれよれの話し合いになってしまいます。子どもたちは、学級ディベートの経験を通して、コミュニケーションにおける技術面と態度面を学ぶことができるのです。特に、「チーム力」すなわち人との関わり方の面で、大きな変容が見られました。子どもたちの中に審判を経験したことで、「人と意見を区別する」というものの見方や考え方が確立していきました。そして、自分の意見も他者の意見も大切にするようになります。そして、個を大切にし、みんなで学び、よりよい集団へと成長をめざすようになりました。ルールのある話し合いだからこそ違う立場の人と主張し合い、互いを高め合うことの楽しさを感じることができました。また、協力することは、自分の力を最大限に発揮して、チームに貢献することだと気付くこともできました。

　このように、学級ディベートには子どもたちを主体的な学び手に育てる大きな可能性をもつと言えるのです。

第6章
高学年ディベートの実際

- 1 はじめに
- 2 ディベート（第1反駁まで）
- 3 ディベート（第2反駁まで）
- 4 ディベート的な話し合い ①
- 5 ディベート的な話し合い ②
- 6 学級ディベートの可能性

第6章 高学年のディベートの実際

1 はじめに

菊池道場福岡支部　田中聖吾

「学級崩壊」という言葉が、テレビやニュースで多く聞かれるようになりました。

「学級崩壊」と聞いて、どのような学級を想像しますか。子どもたちが授業に集中せず、勝手な私語や離席のある学級。子どもたちがお互いを認め合えず、心ない言葉が飛び交う学級。けんかやいじめが頻繁に起こり、子ども同士の関係を築くことが難しい学級。実に様々でしょう。しかし、それだけではないのです。

教師の「何か質問はありませんか」という投げかけに無言（無反応）の子どもたちをよく見ます。教師の「話し合います。何か意見はありませんか」の声に静まりかえる子どもたちをよく見ます。そのような子どもたちが集まった学級は、一見すると静かに落ち着いているように見えます。しかし、子どもたちの顔には覇気がなく、集中していない子どもも多く見られます。このような状態も一種の学級崩壊ではないでしょうか。つまり「静かな学級崩壊」なのです。そして「静かな学級崩壊」は、高学年になるにつれて強くなる傾向があるように感じます。

このような「学級崩壊」「静かな学級崩壊」に陥らないためにも、私は学級ディベートをお勧めします。

ディベートとは、異なる意見をもつ人が、それぞれ「自分の意見がいかに正しいか」を説明し、聴いている審判を納得させた方が勝ちという「ルールのある話し合いゲーム」です。それを学級の子どもたちと行うのです。

高学年での指導の流れとしては、まずは反駁のところを重視した学級ディベートを行います。その後、学級ディベートを生かした話し合いの

ある授業という順序で進めていきます。

　はじめに取り組むのは、反駁型の学級ディベートです。反駁のところに重点をおくため、立論はあらかじめ教師が用意しておき、それを子どもたちに示すようにします。そして、教師から示された立論に対し、肯定側、否定側に分かれて質疑応答、第1反駁を行います。ここでは、反駁のポイントを押さえながら立論に対してきちんと反駁ができるようにしていくことがポイントです。

　次に、今まで培ってきた力を生かして本格的な学級ディベートに取り組みます。反駁型の学級ディベートとは違い、第1反駁の後に第2反駁まであります。もちろん立論・質疑応答・第1反駁・第2反駁、そして判定と全てを子どもたちだけで行います。初めのうちは、もちろん戸惑うこともあるでしょう。しかし、教師が頑張っている子どもを認め励まし、ほめ続けることで、きっと多くの子どもが自信をもって積極的に学級ディベートに取り組むことができるようになるはずです。

　最後に、学級ディベートで身に付けた力が生きるような話し合いのある授業を行います。もちろん教科の学習だけでなく、日常で起こる諸問題を解決したり、みんなで集会の計画を立てたりするような学級会における話し合いでも行うことができます。

高学年での学級ディベートの指導の流れを簡単に挙げましたが、全ての子どもにこの指導の流れがあてはまるということはありません。もしかしたら人前で話をすることが難しい子どもがたくさんいる学級もあるでしょう。反対に、少し学級ディベートの指導を行っただけで、どんどん力を伸ばしていくような学級もあるはずです。ここで示した指導の流れは、あくまでおおまかなものです。目の前の子どもたちの実態に合わせ、教師がどのような力を伸ばしていきたいのかをしっかりと考え、柔軟に指導していくことが大切です。
　特に、学級ディベートの初めのうちは、今までの学年で子どもたちが身に付けてきた力を見極め、それを生かし伸ばしていくように心がけることが大切です。できていないところばかりに注目するのではなく、今はできていなから次はこのような指導をしてみようと考えてください。子どもは必ず成長するものです。だからこそ教師は、子どもたちの成長した姿を思い描きながら、長期的な視点に立ち、計画的に、継続的に指導をしていくべきなのです。

　多くの学級では、授業中、子どもたちに正解を求めます。正解は1つ、つまり絶対解です。そして、それ以外は間違いであることを子どもたちに教えます。
　確かに絶対解を求める授業も大切です。しかし、そればかりになってはいけないのだと考えます。
　普段発言しないような子どもが、勇気をもち挙手をしたとしましょう。その子が指名されて正解ではない発言をした時、多くの学級では、子どもたちが「違います」「他にあります」と言って挙手をしたり、教師が「他にありますか」と聞き返したりすることでしょう。周りの子どもたちや教師から多少のフォローはあると思いますが、正解ではない発言をした子どもは「やっぱり言わなければよかった」と思ってしまうことでしょう。
　毎日の授業において、自分らしい言葉で伝えることを周りから尊重さ

れてこなかった子どもが、自分の言葉で周りを変えることができる、自分自身を成長させることができるということを信じられるはずもありません。自分の言葉には力がなく、言葉の力があるのはきちんと正解の出せる一部の友達だけだということを無意識に教えられてきたのです。そのような毎日の繰り返しが、子どもたちから言葉を奪い、考えることを諦めさせ、そして「学級崩壊」「静かな学級崩壊」につながっているのだと私は考えます。

　将来、今ある職業のうち、AI（人工知能）で取って代わることのできるものが増えてくるということを聞きます。だからこそ子どもたちには、AIでは取って代わることができないような力を身に付けていくことが必要となってくるはずです。
　自分から積極的に関わろうとする力、友達とよりよく話し合う力、納得解を生み出すために考え続ける力等、単純に知識や技能だけでなく、もっと協同的な、創造的な力がきっと必要となってくるはずです。そのような力を子どもたちに育てるためにも、学級ディベートに取り組んでみてはいかがでしょうか。きっと、子どもが変わり、学級が変わり、そして教師も変わっていくのではないかと考えます。

第6章　高学年のディベートの実際

2 ディベート（第1反駁まで）

菊池道場福岡支部　林田渉

1．はじめに
①自分を認め、成長できる教室へ

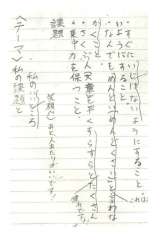

2017年度、現任校に異動し、6年生の担任となりました。始業式の次の日、自己紹介の意味を込めて「自分のいいところ」と「自分の課題」について書いてもらいました。

天真爛漫で、いたずらっ子で、成長に対して貪欲で…、今ではそんな印象のSさんですが、4月当初は左の写真のように自分のことを書いていました。課題ばかりで、自分のよさが一つもありませんでした。

昨年度、学級は落ち着かない状態にあったそうです。そのような環境の中では、自分の考えを述べたり、相手の考えを受け入れたりすることが難しくなります。また、必然的に注意されることが多くなり、自己肯定感も下がることでしょう。写真の文章には、そのような姿が現れているように感じます。

本年度、少しずつ、子どもたちの様子は変わっていきました。成長ノートを読んでいるとそれぞれが大きな成長を感じているようです。Sさんは、「まず、成長したこと…」と自分のプラス面から文章を書き始めていました。まとめとして、「叱られたこともあったけど、楽しいこともたくさんあって最高の1年間でした。4月からは中学生になるので最初は大変だと思うけど、いろいろなことに挑戦していきます」と記していました。4月当初は、自分の課題しか書けなかったSさんが、自分の成長に目を向け、プラスのイメージで自分自身をとらえていました。

Sさんの成長をとても嬉しく思います。

　本年度も様々な取り組みを行ってきましたが、子どもたちの成長を促したものの１つに「学級ディベート」があるのではないかと考えています。

②反駁型ディベートの経験を積ませる

　低学年、中学年までの学級ディベートの経験を通して、「対話することは楽しい」「違う意見を言うことは学びを深める」という実感を子どもたちはもっていることでしょう。

　高学年における学級ディベートは、まずは、中学年までの経験を振り返る形で反駁型のディベート（第１反駁まで）に取り組み、それから徐々に第２反駁まであるものへと進めていくといいでしょう。前年度までの経験に応じて、どのような内容に取り組むかを判断する必要があります。

　高学年における学級ディベートは、基本的には以下のように進めていきます。

	立論	質疑・応答	第１反駁	第２反駁
肯定側	①	②否定側からの質疑	⑥	⑧
否定側	③	④肯定側からの質疑	⑤	⑦

　立論、質疑・応答、第１反駁、第２反駁をそれぞれ１分間で行います。時間を増やすこともできますが、１分程度が適切であろうと思います。

　また、論題として与えるテーマには「政策論題」「事実論題」「価値論題」といったものがあります。初めは、根拠をつくりやすく、意見をかみ合わせやすい「政策論題」から取り組むとよいかと思います。

　本実践では、第１反駁までの反駁型ディベートに取り組んでいます。子どもたちの実態から、各グループ、私と一緒に立論を考え、相手に前もって示しておくようにしました。ディベート大会においては、質疑・応答や反駁を中心としたやりとりをさせたいと考えたからです。

2. 高学年における学級ディベートの実際

論題は「6年1組は、授業中、自由にタブレットを使用できるようにすべきである」です。今や、子どもたちにとってスマートフォンやタブレット端末は生活の中で身近なものとなっています。実際、スマートフォンなどを使って、分からないことを調べたり、友達と連絡を取り合ったりしているようです。また、本年度、プログラミング学習の取り組みとして、本校に人型ロボットのPepperが7台配置されたり、電子黒板が合計3台に増えたりするなどしたため、より関心のある問題となったようです。各チーム、意欲的にディベートの学習に取り組んでいました。

＜指導の流れ＞
①定義を確認する
かみ合った議論を行うために、論題に対する共通理解を図ります。今回は、「タブレットは学校に支給されているものとし、個人で端末代や通信料などを払う必要はない」「授業中以外は使えない」「ゲームなどのアプリは入っていない」といったことを確認しました。

②メリット・デメリットを個人で考える
論題に対してのメリット・デメリットについて、個人で考える時間を設定しました。自分で考えることで、責任をもってディベートに参加できるようにします。

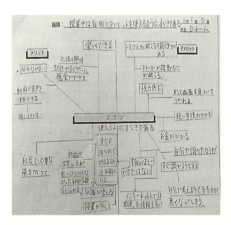

③チームで話し合い、立論を立てる
個人で考えたメリット・デメリットを出し合い、リンクマップに整理しました。そのあと、肯定側・

否定側の分担を決め、リンクマップをもとにして、チームで立論を考えました。今回は、質疑・応答、反駁のやりとりを重視するために、立論については教師が相談に乗りながら、一緒に考えました。議論が起こるために、少し曖昧なところを残しておくことがポイントとなります。

④フローシートの書き方を学ぶ
　ディベーターはもちろん、最終ジャッジを行う審判においても議論の流れを整理しておく必要があります。それぞれの主張や、主張に対しての質問・反駁の内容などを整理して、冷静に議論を読み解く必要があります。フローシートの書き方には慣れていないという現状から、まずは書き方を教え、フローシートにメモを取る練習をしました。

⑤準備期間を確保する
　ディベートでは、「準備段階が勝敗を左右する」と言われます。本やインターネットを使ったり、人に尋ねたりするなどして、より客観的な根拠をもとにして、主張できるように準備を進めました。また、予想される議論の流れを考え、質疑・応答や回答、反駁の準備も同時に進めました。

⑥ディベート大会を行う
　論題「6年1組は、授業中、タブレットを自由に使用できるようにすべきである」に対して、肯定側は、「学習意欲と集中力が上がる」とアンケート調査の結果などをもとに主張しました。否定側から、「『動画や音声使用などで授業が分かりやすくなる。分かりやすくなれば集中力が上がる』と言ったが、『分かりやすい＝集中力アップ』となぜ言えるのか」といった質問が出されました。肯定側は、「分からないときは他の

ことを考えるなど集中力が切れます。分かるときは気持ちが勉強に向きます」と自分の経験から答えていました。否定側は、「健康被害が起きる」ということをインターネットで調べたことなどをもとに主張しました。肯定側から、「視力低下と言いましたが、例え

ば視力 1.0 の人がタブレットをどれだけ使うと視力がいくつまで下がるのですか」という質問がでました。否定側は、「それは…、資料にありませんでした」と資料を確認しながらも答えることはできませんでした。

　反駁では、肯定側の立論に対して「タブレットを使用することで、そちらに集中がいってしまい、勉強への集中力は下がります」といった反駁が、否定側の立論に対しては「先ほどの質問に十分に答えることができておらず、健康被害についての一つ目の根拠は成立していません…」といった反駁を行いました。

3. 高学年における学級ディベートの考察
①子どもたちのコメントから

　「審判は難しい」ある子が呟いた一言です。話をさらに聴いていくと、「私もそうだけど、みんな努力をしている。だから、判定をするときにものすごく緊張します」ということでした。責任をもって審判をしようとしているのだなと何だか温かい心になりました。

　子どもたちはそれぞれの判定

基準で、肯定側・否定側のよさを述べていました。大きく変わったのは、少数派でも自分の考えをしっかりと伝える力が身に付いたことです。

年度当初、他の友達と考えが違うと不安そうな姿を見せていた子どもたちでした。しかし、ディベートを通して、「こういう根拠があるから…」と自分の意志を貫くようになり、おかしいと思うと考えを変える柔軟さもでてきました。

以下は、ディベートにおける子どもたちのコメントです。

> ○　否定側は、時間配分を考えて、言いたいことがしっかりと整理されていました。肯定側は、最後の反駁が意見のような発言になっていて十分な反駁ができていませんでした。私は、否定側に納得します。
> ○　肯定側は、チームで協力して話を進めていました。否定側は、それぞれが自分の立場に一生懸命でチーム力が足りませんでした。反駁などは差がなかったので、肯定側にしました。
> ○　肯定側は質問にしっかりと答えていました。でも、否定側は、答えることができませんでした。その様子を見て、肯定側と判断しました。

それぞれの判断基準を、しっかりと述べることができています。自分の考えを言える。些細なことですが、すばらしいことだと思います。

②教師のコメントから
　教師のコメントは温かいものであり、成長ポイントを述べることが大切です。学級ディベートは、ディベートそのものができるようになることをねらいとしているわけではありません。学級ディベートを通して学んだことが、他の学習や人間関係づくりにつながり、よりよい学校生活を送る基盤をつくると考えています。

それでは、どのようなコメントをすればよいのでしょうか。拙いコメントではありますが、いくつか紹介したいと思います。

あなたの存在が必要です

　ディベートは個人ではなくチームで行います。また、立論・反駁・質問する・質問に答えるといった役割を全員が担うことになります。ですから、それぞれの存在がチームを支えていることになります。自分の存在が必要とされているということを、しっかりと伝えるようにします。

陰で努力ができるあなたは素敵です

　発言力のある子や理解力の速い子など、ディベートをしていると活躍が目立つ子がいます。当然、その子たちもしっかりとほめますが、家で資料を準備してきたり、休み時間を使って練習していたりと陰で努力をしている子がいます。準備期間中などから意識して見ておき、その努力を称えます。

柔らかい（温かい）白熱をつくろう

　これは、ディベートだけでなく、普段の授業でも合言葉のように伝える言葉です。議論をしているとつい感情的になることがあります。何のための議論なのか、冷静になる必要があります。＋αを生み、共に学んだからこそその成長を達成するために、温かい空気の中で白熱できるようになってほしいのです。

4. おわりに

　白い黒板を使って「ディベートを通して成長できること・身に付く力」というテーマで振り返りを行いました。「自信がもてる」「責任をもって発言する力」「人の話をきちんと聴こうとする力」「みんなを見る」「相手を選ばない」「団結力」「自分の意見をしっかり伝えられるようになった」など、メモ力・発言力・調査力など技術的なことよりも人としての成長に目を向けた言葉が多く見られました。ここに、私は学級ディベートのもつ価値があるのではないかと考えます。

　今回の学級ディベートを通して、「相手に考えを伝えることの大切さ・難しさ」「他者と考え続けることの価値」といったものを子どもたちは感じることができたように思います。これから先の未来で、仲間と悩みながら一緒に考え、納得解を導き出すという経験はきっと役立つでしょう。

　下の写真は、以前担任をしていた子どもの卒業文集です。ディベートを通して、相手に思いを伝えることや相手の考えを受け入れることの大切さを学んだと書いています。

　学級ディベートには、子どもたちを育てる、大きな可能性が秘められているのではないでしょうか。

3 ディベート（第2反駁まで）

菊池道場北九州支部　田中聖吾

1. 学級ディベートに挑戦
①意見の伸びを実感し、考え続ける力を育てる

　これまでの学級ディベートの指導により、多くの子どもたちが立論、質疑・応答、第1反駁まではできるようになってきていることでしょう。そのような子どもが出てきたら、ぜひ第2反駁までの学級ディベートに取り組んでみましょう。

　多くの学級で話し合いをする際、単に自分の意見を発表し合うだけの話し合いをよく見ます。友達の意見につなげて発表しようという子どもは、ほとんどいません。また、多くの意見が賛成の立場のため、根拠がほとんど同じようなものになりがちです。これでは、意見をつないで伸ばし、さらによりよい意見にしていくことは難しいように感じます。だからこそ、新しい視点をもった反対意見を出すことが必要です。賛成と反対という異なる立場の意見がきちんとぶつかり合うことで、意見がつながり、伸び、さらによりよい意見が生み出されるはずです。

　意見がつながって伸び、よりよい意見になっていくという経験をした子どもは、高学年であっても少ないように感じます。いきなり話し合いでそのようなことを教師から促しても、子どもたちにとっては非常にハードルが高くなってしまいがちです。

　そこで、まずは第2反駁まである学級ディベートで、意見がつながって伸びていくという体験をさせてみてはいかがでしょうか。意見がつながって伸び、よりよい意見が生まれる経験をした子どもは、自分が意見を発表しただけで満足して考えるのをやめることはありません。友達と、または自分一人でも考え続けることのできる子どもへと成長していくことができるはずです。

②高学年での学級ディベートの流れ

高学年における学級ディベートは、基本的に以下のように進めていきます。

	立論	質疑・応答	第1反駁	第2反駁
肯定グループ	①	②否定側からの質疑	⑥	⑧
否定グループ	③	④肯定側からの質疑	⑤	⑦

立論でのラベルは基本的に1つとします。立論、質疑・応答、第1反駁、第2反駁は各1分間ずつです。立論と質疑・応答、第1反駁と第2反駁の間に1分間の作戦タイムが入ります。

今までとの大きな違いは、第2反駁があるということです。第1反駁は、主に相手の立論に対しての反論を行います。それを受け、第2反駁は反論に対する再反論が行われます。この際、再反論をすると共に、お互いの議論をまとめながら自分達の立論の信ぴょう性や重要性を伝えていきます。そのため、第2反駁のことを最終弁論と呼ぶこともあります。

③学級ディベートを活用した学習単元の流れ

最初に、論題に対しての質問を受け付けます。ここできちんと論題に対して学級の全員が共通理解しておくことが大切です。

次に、論題に対してのメリット、デメリットをグループで考えます。自分のグループの立場が決まったら、グループで考えたことを生かしてデータを集めたり理由付けを考えたりして、主張をより説得力のあるものにします。学級ディベートに慣れてくると、相手の立論を予測し、質問や反駁を考えるグループも出てきます。

最後に、肯定、否定の立場に分かれて学級ディベートを行います。学級ディベートに参加していない子どもは審判をします。審判から肯定と否定のどちらにより納得できたのかを発表した後、最後に教師からコメントを述べます。子どもの行為や言動を価値付け、今後の成長につなが

るようにします。学級ディベート終了後には、必ず振り返りを行います。実際に学級ディベートをしていた時には気付かなかった成長も、振り返り、きちんとみんなで共有していきます。

2．高学年における学級ディベートの実際
論題「選挙で投票をしない人には罰をあたえるべきだ」

6年生の子どもたちと学級ディベートを行いました。下の表が、その時のフローシートです。

論題は「選挙で投票をしない人には罰をあたえるべきだ」です。論題に対しての質問を聞くと「どうしても行けない理由がある時はどうなるのか」「罰とはどのようなものか」「選挙に投票していない人は分かるのか」というものが挙がってきました。そこで、子どもたちと話し合い「選挙の日に用事で行けなくても、期日前投票がある。どうしても急に行けなくなった時は、理由をきちんと話せば罰は受けなくてもよい」「罰は１万円の罰金とする」「選挙に家の人が行く時、はがきのようなものを持って行っていた。そのはがきを出して投票をするなら、投票していない人は分かるはず」というようなことを確認しました。

	立論	第１反駁
肯定	・罪をあたえると投票が増える。	・投票が増えても、適当に投票する人が増えて、日本の政治が悪くなる。
否定	・罰から逃れるために適当に投票する人が増え、代表にふさわしくない人も選ばれる。	・投票すれば選挙に関心をもち、そんなに適当に投票しない。 ・どのようなところが代表にふさわしくないのかが分からない。

学級ディベートの試合前、子どもたちはグループの友達と論題に対してのメリット、デメリットを考えました。その後、肯定側・否定側の分担をくじで決め、それぞれのグループで立論や予想される質問・反論等を考え、準備を進めました。

　今回の学級ディベートの準備の時期が、ちょうど衆議院議員選挙が行われる少し前だったということもあり、選挙についてのニュース番組を家でメモをしてきたり、お家の方に選挙に対しての質問をしたりするなど、意欲的に取り組んでいる子どもが多く出ました。そして、集めてきた「データ」をもとにして、自分たちの主張により説得力をもたせるためにグループで主張を熱心に考えていました。

　論題の確認、ディベートの準備の時間を２時間とり、いよいよディベートの試合が始まりました。

　最初に肯定側の立論です。現在の選挙の投票率の低さを挙げ、「投票

第２反駁
・　今でも適当にしている人がいるはず。だから多くの人が投票に行かない。まず、投票していない人は投票してみることから始めるべきだ。
・　選挙の投票が適当だから政治がよくなっていない。罰があっても適当ということはなくならない。

《判定》
○肯定側の勝ち
・　否定側は、質問に答えきれていない。
・　罰でも、まずはみんなが投票することが大切だと思った。
○否定側の勝ち
・　適当な議員が増えて困るというところに納得した。
・　罰よりも、適当に投票しない気持ちが大切だと思った。

率を上げるためにも選挙に行っていない人には罰をあたえるべきだ」ということを主張しました。その後の質疑・応答では「なぜ罰をあたえると投票率が増えると言えるのか」という質問が出ました。これに対し「自分たちも罰があると受けないように行動することがある。だから罰を受けないように投票する人が増える」ということを自分の経験も踏まえて答えていました。

次に否定側の立論です。「罰が嫌で考えずに投票する人が増え、代表にふさわしくない人が議員に選ばれる」ということを、家で調べてきた議員の不祥事のニュースを挙げながら主張しました。しかし、質疑・応答で「代表にふさわしくない議員とは具体的にどのような人か」という質問にうまく答えられずに1分間が過ぎてしまいました。

その後、肯定側の立論に対して「投票率が上がっても、適当に投票すれば日本の政治が悪くなる」。否定側の立論に対して「投票に行かなければならないので、事前に調べてそんなに適当に投票しないはず。それに、代表にふさわしくないと言うけど、その人の全てが悪いわけがない」というような第1反駁が行われました。

最後に第2反駁です。否定側は「今でも選挙の投票が適当だから政治家の悪いニュースが多い。きっと罰があっても適当ということはなくならずに増えるはず。だから投票しない人に罰をあたえることに反対」、肯定側は「今でも政治のことを適当に考えている人がいるから多くの人が投票に行かない。だから、まず投票していない人は、投票してみて政治に関心をもつことから始めてみるといい。だから投票しない人に罰をあたえることに賛成」という第2反駁を述べました。

その後、審判がどちらの方により納得できたかを発表しました。審判の子どもたちは、自分のフローシートを見ながら判定の理由を肯定側、否定側に伝えていました。最終的には、肯定側の勝利で試合を終えました。

3. 高学年における学級ディベートの考察
①子どもたちのコメントから
　最後に、審判の子どもから次のようなコメントがありました。
「肯定側の勝ちだと思います。勝負のポイントは質問です。肯定側は質問にきちんと答えていたけれど、否定側はうまく答えずに黙ったままだったからです」
　学級ディベートの中で、否定側は「罰があると適当に投票し、みんなの代表としてふさわしくない人が議員に選ばれる」ということを主張しました。終了後に聞いてみると、準備の段階で代表にふさわしくないということは例えばどのようなことかを話し合っていたそうです。しかし、その場に立つと、頭が真っ白になり答えられなかったようでした。
　立論を述べた子どもの振り返りでは「立論をつくる前に『代表にふさわしくない議員』のことは考えていたけど、うまく伝わってなかったのかもしれません。審判から肯定の勝ちと言われたことは悔しかったけど、理由を聞いて『確かに…』と思いました。もっときちんと伝えないといけなかったと思いました」ということを書いていました。
　子どもたちは普段「自分と相手が違う」ということを意識しません。それどころか、子どもたちの多くは「みんなと同じ」ということを強く意識する傾向にあります。そのような子どもは、自分の考えていることを相手も分かっていると安易に思ってしまうようです。
　今回の否定側の立論を中心になって考えた子どもは、「自分と相手は違う」からこそ分かり合うために一生懸命に言葉を尽くして伝え合うことの大切さを少しでも感じることができたのではないでしょうか。そして、そのようにきちんと相手と向き合うことこそ、人と接する上で本当

に大切なことだと感じました。

②教師のコメントから

　他の審判の子どもからも「否定側がきちんと質問に答えられていない」という点で指摘がありました。つまりグループでしっかりと協力できていないというのです。

　そこで、教師から次のようなことを子どもたちに伝えました。
「今回、否定側のグループで質問にうまく答えられていない人がいて、それを協力できていないという人がいました。確かに、その通りだと先生も思いました。誰かに頼りすぎ、友達の話を聞くだけという状態は、一見するとグループで協力しているように見えます。しかし、いざという時には、聞いただけのものは全く役に立たず、自分の責任を果たすことができないのでしょう。協力とは、一人ひとりがきちんと力を出し合い、それを合わせることなのです。本当の協力の意味

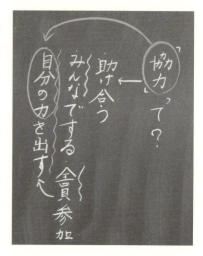

を学習できてよかったです。今回、否定側グループは残念でしたが、きっと、これからのグループでの協力は変わってくるはずです。よい学習をしましたね」

　実際に学級ディベートをしていたグループだけでなく、審判の子どもたちにも協力するということの意味を改めて伝えることができたのではないかと考えました。

4. おわりに

「学級ディベートの学習で成長したところは？」という質問を全ての試合が終わった後、子どもたちにしてみました。すると「友達と協力す

る」「フォローし合う」「相手の話を聴く力」など、実に様々なものが挙がってきました。

　言えなければ負ける、言ったら反論されるという板挟みの状態の中、多くの子どもが本当にもてる力を十分に発揮し、グループの友達と力を合わせながら取り組むことができたように感じました。

　次のような学級ディベートの振り返りを子どもたちに紹介しました。

> 　やっぱりディベートの審判は難しいと思いました。試合が始まる前に思っていたことが肯定側や否定側の人の主張を聞いていると、だんだん「本当にこれでいいの」「やっぱりこっちの方がいいのかな」とすごく悩みました。すごく悩んだけど、最後に発表した判定には自分でも納得しています。
> 　先生が「意見がつながって、どんどん考えが深まっていった」と言っていたけど、私もそうだなあと思いました。ディベートで勝つことは大切だけど、こんなふうに話し合って考えが深まっていくことの方がもっと大切なんだと思いました。

　意見をつなげて伸ばし、よりよい意見へと考え続けることの大切さを感じ取っているようで大変嬉しく感じました。

　今回の学級ディベートを通して、勝ち負けを超え、それ以上に「考え続けること」の大切さを学級で共有することができたように感じます。これから先、子どもたちが生きていく上で、きっと答えのないことの方が多いはずです。インターネットや本で調べたり、友達に聞いたりしても本当の納得解は自分の中にしかないのです。だからこそ、ああでもない、こうでもないと考え続けることが必要なのだと私は感じています。今回の学級ディベートで触れた「考え続ける」ということの価値を、今後の学習で深めていかなければならないと強く思いました。

4 ディベート的な話し合い①

菊池道場徳島支部　堀井悠平

1. はじめに
①第2反駁まであるディベート的な話し合い

　これからのディベート的な話し合いの実践は、5年生12月の社会科に行ったものです。これまで子どもたちは、社会科で2度ディベートを経験しています。5月に「高地のくらしと低地のくらしは、どちらがよいか」で初めてディベートに取り組みました。そこで、話し合いの基本的な流れを説明し、まずは経験させることを大切にしました。ディベートでは、自分の意見に必ず質問や反論があり、それに答えなければいけません。この流れを知ることで、見通しをもって話し合うことができるようになっていきます。そして、10月に水産業の学習で2度目のディベートを行いました。反駁型のディベートです。予め教師が立論を考えておきます。子どもたちは質疑や反駁することを楽しみました。論題は「とる漁業と育てる漁業どちらがよいか」です。ここでは、かみ合った話し合いをすることを大きなねらいにしました。相手の意見の引用や調べ学習で得た事実を根拠にして反駁をしていきます。2度目のディベートを通して、かみ合った議論の大切さや、事実をもとにして、重要性（メリット）や深刻性（デメリット）を比較して話し合うことを学習しました。
　2度目のディベート以降も、国語科や社会科、道徳においてディベート的な話し合いを繰り返し行ってきていました。その中で子どもたちか

ら、「反駁されたことに、もう一度反駁したかった」という声が多く聞かれるようになってきました。反駁をし合うことで、話し合いの質が高まっていくことを体験したのです。そこで、本実践では、初めて第2反駁まであるディベート的な話し合いをすることにしました。反駁し合い自分の意見と相手の意見を比べて話し合うことで、話し合いの質はさらに高まっていきます。

②単元計画（全14時間）

1時間	1時間（実践）	8時間	3時間	1時間
論題の提示 立場を決めて準備をする	ディベート的な話し合い 【第2反駁】	テレビ番組の制作 論題、立場を決めて準備をする 放送局見学	ディベート 【第2反駁】	単元のまとめ 補足

　単元の中で話し合い活動をどこに入れるかによって、子どもたちの学びも大きく変わってきます。よく単元の最後に話し合いをすることがあります。その場合、すでに分かっていることを話し合う復習になってしまいがちです。また、時間がかかりすぎてしまうということがあります。

　一方、菊池先生は単元の前半に話し合いを入れることで「子どもたちの学びがよりダイナミックになる」と言います。それは、子どもたちが主体的に学習に取り組む中で教科書に書かれている既習事項から派生し、発展的な学習になっていくことがあるからです。もちろん、学びの方向性が逸れている時は軌道修正し

たり、話し合いで足りない部分は最後に教師が補足として説明したりすることが必要です。

本実践では、単元計画の通り、話し合い活動を前半と後半の2度行います。前半の話し合いでは、情報を得るときは様々な媒介をうまく活用することを学びます。2度目の話し合いでは、論題を少し変えて第2反駁まであるディベートを行います。2度話し合いをすることによって、学びがよりダイナミックになり、深い学びに向かっていくことをねらっています。

2. 高学年・ディベート的な話し合いの実際
論題「情報を得るなら新聞とインターネットどちらがよいか」

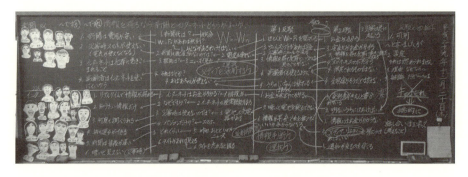

前の時間に、論題の定義の確認を行い、新聞とインターネットのどちらの立場なのか決めました。その後、教科書の音読や難しい用語の意味確認し、根拠となる事実を調べていきました。授業後も、多くの子どもたちが根拠となる事実を学校や家庭で調べて準備していました。

■ディベート的な話し合いの流れ　※（　）は指導上の留意点

① 論題の提示をする。
② 自分の立場を決め、黒板に自画像を貼りに行く。
③ 座席を新聞側とインターネット側に分ける。

④ 新聞側、インターネット側に分かれて3分間で作戦を立てる。
　　（同じ立場の中でも、4名程度の小集団を作り話し合う。小集団を行き来して、意見をつくることを促す。）
⑤ 下のフォーマットに沿って話し合いをする。

立場/流れ	立論	質疑	第1反駁	第2反駁
新聞	①	②相手側からの質疑	⑥	⑧
インターネット	③	④相手側からの質疑	⑤	⑦

（質疑と反駁の前に、それぞれ1分間の作戦タイムを入れる）
⑥ 教師が講評をする。
⑦ 授業の振り返りを成長ノート（社会科ノートなど）に書く。

①質疑での指導と実際
はじめに、質疑の目的は次の3点です。

> 1. 相手の発言の不明な点を確認する。
> 2. 相手の発言の矛盾点を明白にする。
> 3. 後半の反駁の有利な点を引き出す。
> 　　　　　　『ディベートに強くなる本』著：上條晴夫（学事出版）

質疑では、よく説明や反論をしてしまうケースがあります。そこで、質疑に入る前に黒板に次のことを書き、質疑はあくまで質問をする時間であることを確認しました。

> 　　　　　～ですか。～ですね。

子どもたちは、語尾を意識しながら、相手の意見の不明な点を確認したり、根拠となる事実は何かを聞いたりしていました。例えば、新聞側から出された「新聞はインターネットより費用が安い」という意見に対して、「新聞代というのは、1か月の値段ですか？」や「インターネッ

トの通信費は無料Ｗｉ－Ｆｉを使えばいいのではないですか？」といった質問です。前者は、相手の発言の不明な点を確認する質問、後者は、後半の反駁の有利な点を引き出す質問です。両者全ての立論に質問をすることができました。

②反駁の四拍子の指導と実際

> 反駁の四拍子
> １．引用「〜と言いましたが」
> ２．否定「それは認められません」
> ３．理由「なぜなら、〜からです」
> ４．結論「だから、〜です」

反駁に入る前に、板書しながら反駁の四拍子を確認しました。

そして、「話し合いの後Win-Winになれるように、反駁し合いましょう」と言い、第1反駁に入りました。

それでは、インターネット側から出された「⑤新聞は情報が遅い」という意見を参考に、どのように反駁し合い、議論がどのように伸びていったのかを見ていきます。（※下のフローシート参照）

	立論	第1反駁	第2反駁
新聞側	① 新聞はインターネットより費用が安い。（Wi-Fiを使う） ② 災害時、電気がなければインターネットが使えない。 ③ 犯罪に巻き込まれる。 ④ 高齢者が使いにくい。	→①Ｗｉ－Ｆｉを持っている家庭が多い。（安くなる） →②地域の防災無線や災害時にメールが送られてくる。 →③情報を調べただけで犯罪に巻き込まれたというニュースは見たことがない。 →③ウイルスを守るソフトが犯罪から守ってくれる。 →④「らくらくスマホ」を使えばよい。	→①Ｗｉ－Ｆｉを買うお金がいる。 →②ウイルスソフトは安全だがソフトが高額。 →③情報を得るときに犯罪に巻き込まれたというニュースを見た。 →④そもそもスマートフォンが使えない。 →④全員が使いこなせるというわけではない。
インターネット側	① リアルタイムで情報が得られる。 ② 知りたい情報を得られる。 ③ 何度も情報が検索して見える。 ④ 持ち運びが便利。 ⑤ 新聞は情報が遅い。 ⑥ 災害時に暗いと見えない。	→①情報を見る度にお金が余計にかかる。 →⑥暗いとき充電器の電池が切れてしまったら、暗くて新しい電池に替えることができない。 →⑤インターネットは情報が早い分、色んな情報がやりとりされていてどれを信じていいか分からなくなる。	→①インターネットに接続するお金がいると言ったが、情報にお金がいるとは言っていない。 →⑥暗くなる前に換えておけばいい。 →⑤発行者が載っている。 →⑤メディア・リテラシーを身に付ければいい。 →⑤登録しておけば、スマートフォンに必要な情報が通知される。

インターネット側の「⑤新聞は情報が遅い」という意見に対する新聞側からの第１反駁です。

> 私は、⑤の情報が遅いは認めるのですが、少しおかしいところもあります。インターネットの方が新聞よりも情報が早いと言うことですよね？情報が早い分たくさんの情報がやりとりされています。情報がたくさんある分、どれを信じていいか分からなくなります。だから、遅いのは認めますが、早ければいいということではないと考えます。

この反駁に対して、インターネット側の２人が反駁しました。

> Ａ：③先ほど、「どの情報を信じていいのか分からない」と言いましたが、それは認められません。なぜなら、インターネットの情報にはその記事を書いた人の名前が載っています。だから、どの情報を信じたらいいのかが判断できるので、それは認められません。
> Ｂ：④私も⑤に反駁をします。「情報がたくさんあり、どれを信じていいか分からない」と言いましたが、それは認められません。理由は、どの情報を信じていいかを判断する「メディア・リテラシー」をきちんと身に付ければいいからです。だから、⑤の意見は認められません。

最後に「メディア・リテラシー」という言葉が出てきました。反駁し合うことによって、学びが発展していったことが分かります。

3．高学年・ディベート的な話し合いの考察
①子どもたちの言葉
第２反駁のあるディベート的な話し合いでは、自分の意見と相手の意見を比べて反駁し合うことで、話し合いの質がさらに高まっていきま

す。また、話し合いにゴールはありません。だからこそ、納得する意見を創るために話し合いをしていくのです。ある子の成長ノートには、次のように書かれていました。

> （…省略）3つ目は、「話し合いはエンドレス」だと思いました。渦のようにグルグルと考え続けることが大切だと学びました。そして、みんながWin-Winになれるといいなと思いました。

子どもたちは、第2反駁までの話し合いを通して、話し合いに終わりはないことを実感していました。そして、議論をかみ合わせていくことで、話し合いの質が高まっていくという体験をすることができました。

②教師のコメント
「まだ、反駁したいと思っている人？」と聞くと、勢いよく手を挙げる子が多いことに驚きました。そこで、次のようにコメントをしました。

> 今日は初めて第2反駁まである話し合いをしました。まだ、反駁をしたい人がたくさんいるよね。話し合いの中で、このように（黒板に上向きにグルグルとした線を書く）頭の中でグルグル考え続けていた証拠ですね。つまり「話し合うこと＝考え続けること」ですね。そして、話し合うこと、考えることに終わりはありません。

この話し合いを通して、子どもたちに「①話し合いにゴールはないこと」そして、「②話し合いを通して考え続けることが大切だということ」を伝えられたのではないかと思います。

4．おわりに
①話し合いを通して新たな気付き、発見をする

　授業後、子どもたちは、休み時間にも関わらず議論を続けていました。授業時間が終わっても、子どもたちは考え続けているのです。こうした学びの姿は、子どもたちが主体的に学び続けようとしている表れです。そして、一人の女の子が私のところへ駆け寄って来て言いました。

> 　先生、今日の話し合いで新しい気付き発見があったんですけど、ディベートは、相手が強ければ強いほど話し合いのレベルが上がりますね！今日は負けてしまって悔しいけど、すごく楽しかったです。

　菊池先生は、「話し合いは相手のレベルが高いほど、レベルが上がる」と言います。子どもたちは、話し合うことを通して、教科としての学びだけに留まらず、学び方や話し合いの価値についても学ぶことができているのです。『ディベートルネサンス　究論復興』（中村堂）の中で、松本道弘氏は、「教室でディベートをやる目的は、ディベートによって子どもたちがどんどん活性化して，発見の喜びを知り、自己発見型の学習に変わっていくためです」と言います。今回の話し合いで、彼女は自己発見型の学習の楽しさを体感することができたのでないかと考えます。

②ダイナミックな学びへ

　第2反駁の中で、Aさんが「メディア・リテラシー」を身に付ければよいという反駁をしました。「メディア・リテラシー」という言葉は、教科書には出てきていません。おそらく、家庭で調べてきたのでしょう。ディベート的な話し合いを通して、子どもたちは相手を説得させるために根拠となる事実を調べ、重要性や深刻性を主張します。その過程で学びや思考の幅がよりダイナミックになり、発展的な考えが出てくるのです。そして、学びが複合的に絡み合い深い学びへとつながっていきます。ぜひ、第2反駁まであるディベート的な話し合いを授業に取り入れて、子どもたちのダイナミックな学びを創り出してください。

5 ディベート的な話し合い②

菊池道場大分支部　大西賢吾

1. はじめに

「授業とは、黙って座って背筋を伸ばして教師の説明したものや板書しているものをただノートに丁寧に写すもの」

　これは、私が今年度担任した5年生の子どもたちから最初の頃に感じ取った授業に対する姿勢です。話し合いにおいても消極的で、リーダー的な子の意見に「同じです」や「分かりました」と反応する癖がついていました。まずは、「話し合いはよりよい意見を生み出すもの」を子どもたちとの合言葉にして少しずつ話し合い活動を始めていきました。

　5年生の子どもたちは、国語の「討論会」という単元で7月にディベートを行いました。どのチームも3試合行いました。最初は勝敗のあるゲーム感覚で「楽しかった」や「勝った！」という感想が多くありました。今まで授業の中で勝敗のつくゲームをしたことがなかった子どもたちにとってディベートは楽しいゲームのように感じられたようです。しかし、試合を重ねるたびに、話し合いがかみ合い出すと勝ち負けだけにこだわるのではなく、話し合いの質はどうだったかという視点で振り返ることができるようになっていきました。

「ディベートをすると違う立場とのかみ合いが、私は好きです。バチバチなると、おもしろくなります」

　国語の物語文や説明文、社会の授業においてもディベートの型を取り入れ話し合う活動を仕組んでいきました。

2. 社会科におけるディベート

　5年生の社会科では、農業・水産業・工業など様々な分野における特色を学ぶ単元が構成されています。

11月に「工業における世界とのつながり」についてディベートを行いました。日本は、資源や燃料を輸入し、加工した工業製品を多く輸出する加工貿易に力を入れています。しかし、近年、海外に工場を建設し、工業製品を作り、現地で売買する海外生産が多くなっています。そのことから、
<u>日本はこのまま海外生産を進めてよいか</u>
　という課題を設定しました。
　教科書では、この単元は見開き5ページほどでした。子どもたちは貿易や海外生産という言葉を知らなかったため、授業の最初に「貿易」と「海外生産」という言葉を調べました。1時間目には、貿易のメリットを探し、2時間目には海外生産のメリットを探しました。資料集や地図帳、辞書を机の上に置き、調べ学習の時間を確保しました。教科書の内容を指導書通りに教えるのではなく、該当ページを示し、その中から必要な情報を探すように指導していきます。

　貿易や海外生産という言葉を聞いてもなかなかイメージがわかなかった子どもたちも、調べ学習をすることでどのようなものであるかを理解することができるようになりました。3時間目に海外生産額と輸出額の推移のグラフを提示し、課題を設定しました。そして立場に分かれてディベートの準備をする時間にしました。
　ディベーターは試合前にくじを引いて決めます。くじを引いた後、チーム内で役割を決めます。二つの立場に分かれている子どもたちもそれぞれ自分の立場でディベートを見ます。

<単元計画>

１．貿易のメリットを考える。	・グループごとに貿易のメリットをノートに書く。
２．海外生産のメリットを考える。	・グループごとに海外生産のメリットをノートに書く。
課題：日本はこのまま海外生産を進めてよいか	
３．チームに分かれてそれぞれの立場でディベートの準備をする。	・海外生産額が輸出額を上回っているグラフを提示し課題を提示し立場を分ける。 ・立場ごとに主張を考えたり、考えを深めたりする。
４．ディベート１試合目 　　振り返り作文	・１試合目を行い、振り返り作文を書く。
５．ディベート２試合目 　　振り返り作文	・２試合目を行い、振り返り作文を書く。

3．実際のディベート

＜肯定側主張＞	＜否定側主張＞
現地の人が喜ぶから賛成。 一つ目は現地の暮らしに合わせたものづくりができる。 二つ目は現地の人が働く機会が増える。現地の人が働きながら日本の進んだ技術を学べる。技術が学べ、仕事があると人々が明るくなり戦争がなくなる。 三つ目は自国で生産することが苦手な物を他国から安く買うことができる。逆に自国が得意の分野の物は安く生産することができ、他国からたくさん注文がくる。 海外生産を増やし続けることは海外の人を喜ばせることにつながる。	海外生産を増やすことには反対。理由は働く人が減るから。働く人が減ると関連工場の人がいなくなる。輸送業の人たちも不要になり、仕事が減っていく。輸送する人がいなくなると、日本の工業は成り立たなくなる。 それに、日本の技術を外国に学ばれると日本の物は売れなくなってますます日本の工業は成り立たなくなる。だから反対だ。

<否定側質疑> Q 戦争がなくなると言ったが絶対になくなるとは言い切れないのでは。 A 言い切れないかもしれないが、少なくなる可能性はある。 Q 暮らしに合わせると言ったが、日本は高い技術に合わせて作っている。暮らしに合わせると技術に合わないのでは。 A 輸出だけだとそうなるかもしれない。海外生産ならできる。	<肯定側質問> Q 働く人が減ると言ったが輸送する人以外にどんな仕事が減るのか。 A 海外生産は自動車だけでなく、他の工業も海外生産が増えるとそれだけ、働く人が減る。 Q 関連工場が減ると言ったが、証拠となる資料はあるか。「はい」か「いいえ」で答えて。 A 「はい」（教科書を示しながら文章を読む。）
<肯定側第一反駁> 質問で、資料の提示はあったが、多くの関連工場から支えられている…。 〈沈黙〉	<否定側第一反駁> 海外生産をこのまま進めると働く人も輸送する人も減る。これらの人が減ると関連工場も減る。日本の技術は高いが、外国が日本の技術を学んだら世界的に見ても日本の技術力は平均並みになる。 私たちの質問で戦争が減ると言ったがそれは絶対ではないし、証拠はない。
<肯定側第二反駁> 日本の技術力が高いため、外国が学ぶと言ったが、外国から日本も学ぶこともできるので平均が低くなるとは言い切れない。戦争がなくなるとは言い切れない、と言ったが国の間のことなので…。 〈沈黙〉	<否定側第二反駁> 関連工場が減ると時間通りに納めないといけない「ジャストインタイム方式」が成り立たなくなる。そうすると自動車工場全体が減る。自動車工場が減ると働く場所が減り、仕事がなくなっていく。だから海外生産をこのまま進めるべきではない。

　試合の後、見ていた子どもたちに感想を言わせます。ディベートを見る方にも責任をもって参加するという意味をもたせたいからです。

> - どちらのチームも主張がはっきり言えていてよかった。反駁に差が出たと思う。
> - 否定側の方が議論の流れがよく追えていたと思う。
> - 肯定側の主張の理由のよい方は分かりやすかった。

　これを受けて教師からコメントを行いました。教師からのコメントは、まずは子どもたちの頑張りをほめて認めて励ますことです。子どもたちは、発言をしないと負ける、発言をしても言い返される、というプレッシャーの中で皆の前に立つからこそ、ほめて認めて励ますのです。

> - どちらのチームも作戦をよく練って試合に臨めたこと。
> - 肯定側の主張はラベリングが上手にできており、聞いていて分かりやすかったこと。
> - 否定側は、働く人が減ると日本の工業生産が成り立たなくなる。と深刻性の高い話で一貫していたこと。
> - 肯定側の「はい」か「いいえ」で答えてください。という質問はよかった。

●振り返り作文

　ディベートという形式上、話し合う子どもたちの数は限られてしまいます。私の担任する学級には、40人近い子どもたちがいますが、ディベートの試合には1試合4人×2チームの8人が前に出ます。つまり、約30人は前に出て話をする機会はありません。

　そこで、ディベートを聞いた上で作文を書きます。元々の自分の立場からだけでなく相手の立場からも考えるために振り返り作文を書くのです。相手の立場の意見を聞いて、自分の意見がどうなったのかを書きます。

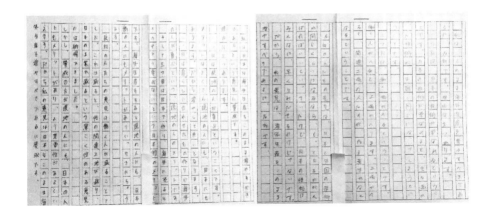

〈賛成意見〉

　私は日本は海外生産をこのまま増やすべきであるという意見に賛成です。

　理由は三つあります。

　一つ目は現地の人が喜ぶということです。メリットはたくさん現地の人にも、日本にもあります。だから増やして良いとなります。

　二つ目は暮らしに合わせたもの作りや海外の人が喜ぶという、現地の人のメリットです。

　そして三つ目は日本で作り、海外に売る時のゆそう費がないという日本側のメリットです。海外生産をすると現地の人にも、日本側の人にもメリットがありいっせきにちょうです。

　反対の人たちの意見は働く人が減ることでした。これは減ると、他の関連工場が減り、日本の工業が減るという深こく性のある意見には納得できました。しかし、賛成の方が現地の人にも、日本の人にもメリットがあり、より重要性があるといえます。だから私の意見は日本はこのまま海外生産を増やすべきであるに賛成です。

〈反対意見〉
　私は、このまま海外生産を増やすべきであるに、反対です。理由は二つあります。
　一つ目は、日本の技術が学ばれるということです。日本の技術が学ばれると、元は高かった技術が、外国と同じになってしまうということです。
　二つ目は、働く人がへるということです。働く人がへると、工場がへります。工場がへると、関連工場の人たちが、作る意味がなくなるということです。
　反対の人たちの意見は、日本と外国の技術が同じくらいになるなら、もっと日本ががんばればいいといっていたけど、日本の技術はそんなに、早く生みだせるわけじゃないです。だから、私の意見は、海外生産をこのまま増やすべきであるに、反対です。

4. 規模の拡大

　4月の最初に子どもたちから受けた印象は、徐々に消えていきました。
　子どもたちは、自分から少しずつ動き出し、ディベートの課題について自分たちで調べるようにもなりました。もちろん、授業の中でも準備の時間を確保しますが、それだけでは十分ではない場合もあります。事前に準備したりするということが、価値ある行為だと気付いた子どもたちの学習の規模はどんどん授業外に広がっていきます。今回も、子どもたちは家で調べてきました。パソコンで調べて必要な資料を家で印刷をして持ってきたり、図書館に行き関連書籍を探したりするようになりました。子どもたちの行為をほめて、認めて、全

体に広げていくことで少しずつ規模は拡大されていきます。

　この写真は、ディベートの試合が終わった次の時間の様子です。ディベートの試合を3時間目に行い、4時間目は別の教科のテストを行いました。テストを早く解き終わったある女の子が私のところに来て、
「先生、ディベートで納得できないところがあったので調べていいですか」
と言いました。まだテストを受けている子もいたため、
「静かにね」
とだけ、伝えました。ディベートを行い、それで満足し、終了ではなく、さらに考え続けている姿が見られました。

5. 終わりに

　教師は子どもたちに「こうなってほしい」と願い、指導をしていきます。しかし、すぐには変わりません。少しずつ成長していくのです。その成長を見守り、励ますことこそが、教師の役割なのではないでしょうか。成長ノートに次のように書いた子がいました。

> 　ぼくは、いつもはぜんぜん発表していないけど勇気を出して、ディベートに出ました。そうすると意外にディベートが楽しかったです。自分では、前より成長したなと思いました。次のディベートも準備は、たいへんだけど準備をしただけできるのでつぎもがんばるぞと勇気が出ました。つぎのディベートもがんばります。

　単に教科の知識を教え込むだけの授業からは得られない学びが、ディベートにはあると実感させてくれました。

第6章 高学年のディベートの実際

⑥ 学級ディベートの可能性

菊池道場福岡支部　田中聖吾

　高学年における学級ディベートの実践を2つ、そして学級ディベートを生かした話し合いの実践を2つあげてみました。どれも1、2学期の間に行った実践です。

　1つ目の学級ディベート（反駁型）では、立論を事前に準備しておくことで、子どもたちは第1反駁のみに焦点を絞って取り組むことができました。反駁のポイントを押さえ、今後につながっていく実践だと考えました。

　2つ目の学級ディベートでは、第2反駁に挑戦する子どもたちの様子を紹介しました。意見がつながり、そして伸びていくということを実際に経験することで、子どもたちは、意見が伸びていくことでさらによりよい意見へと変わっていくことを体験することができました。

　3つ目の学級ディベート的な話し合いでは、これまで培ってきた力を生かし、社会科の話し合いに取り組みました。学級ディベートの要素を取り入れた話し合いを通して、子どもたちは新たな気付きや発見をすることの喜びを味わうことができました。また、授業中だけ、学校だけの学びにとどまらず、どんどん学びの規模が拡大され、よりダイナミックな学びへと変化していきました。

　4つ目の学級ディベート＋振り返り作文では、学級ディベート後に立論、第1反駁、第2反駁というような構成で自分の考えを作文に書いています。学級ディベートでは、グループのみんなで協力して考え続けるということを大切にします。しかし、一人であっても考え続ける力も必要です。集団の中の一人として、個の確立をうながすような取り組みであると考えます。

　2学期の終業式の日、子どもたちが書いた「2学期で成長したこと」

という文章を一部抜粋して紹介します。

○　自分の意見がはっきりと言えるようになりました。1学期は、人数や意見の数の多い方に流されていました。でも2学期は、人数が多い立場になっても、自分の意見をもち、友達と話し合うときには自分の意見と友達の意見を比べながら話し合うことができました。

○　授業で自信がなくて手を挙げることがあまりなかったけど、友達に自分の思っていることを言えるようになりました。悩みとかは相談しても人を巻き込むだけだから、自分で解決すればよいと思っていました。しかし最近は、本当に悩んだり辛かったりすることを友達に話せるようになりました。そうしたら本気で相談にのってくれて、うれしい前向きな言葉をかけてくれてだいぶ楽になりました。自分の気持ちを言えて、本当によかったです。

○　成長したことは、考え続けるということです。授業参観の日、「答えなんてない。考え続けることが大切」ということを改めて思いました。ぼくたちのこれからの未来に役立つ勉強ができました。だから、残り少ない3学期だけど、この成長をいかし、どんどん成長していきたいです。

　一人目の子どもは、授業中の態度は大変真面目です。しかし、自分から発言するようなことはなく、消極的な印象の子どもでした。考えを伝えられずに多くの人の陰で息を潜めている自分を変えたかったのでしょう。2学期の終わり頃、少人数グループで話し合った時には、自分から意見を述べたり、友達の意見につ

いて考えたことを伝えたりする姿が見られるようになってきました。

　二人目の子どもは、自分に自信がもてず、人と関わることに臆病になっていたようです。学級ディベートや学級ディベート的な話し合いを通して、少しずつ自分のことを言葉で表現できるようになってきました。

　三人目の子どもは、学級ディベートでの学びを他の学習にもつなげて考えていることが分かります。学級ディベートでは、意見がつながって伸び、よりよい考えが生まれるということを学びました。その後の道徳の学習で、世の中には答えのないことの方が多いのだから、みんなと、または一人でも考え続けることが大切という感想をもっていました。そして、そのことを「未来に役立つ勉強」というように捉え、成長に生かしていきたいと綴っていました。

　紹介した子ども以外にも、学級ディベートや学級ディベートを生かした話し合いに取り組んでいくことで、実に多くの成長がありました。学級ディベート、学級ディベートを生かした話し合いを行うことで、教師は多くの子どもたちの成長していく姿に出会えるのではないかと思います。

　しかし、子どもたちの成長を見ていく上でぜひ気を付けてほしいことがあります。

　例えば、学級ディベートや学級ディベートを生かした話し合いで、
　　・自分の意見を発表することができるようになった
　　・友達の意見を聞くことができるようになった
　　・発言をノートにメモすることができるようになった
というような子どもたちの成長を感じることがあります。これらの成長は、教師から見ても大変分かりやすいものです。このように、その場の「見えやすい成長」も大切ですが、これが全てではないということを教師は自覚しておくべきです。

　そして、教師が本当に大切にするべきものは「見えにくい成長」では

ないかと考えます。例えば、
- 勇気を出して自分の意見を伝えようとする姿勢
- 自己開示をして友達と話し合う勇気
- 考え続けることの価値を知り、大切にしようとする気持ち

というようなものです。つまり、子どもたちの「人間的な成長」の部分なのです。

国語の学習中、教室内を自由に立ち歩いての学級ディベートを生かした話し合いをしました。

周りの子どもが教室内を立ち歩いて友達と話し合いを始めている時、一人きりで真剣に考えている子どもがいました。

教師が「どうしたの。いろいろな友達と一緒に考えてもいいんだよ」と声をかけると、「今は一人で考えたいので大丈夫です」と答えてくれました。しばらくして自分の考えがまとまると、自然と友達のところへ行き、熱心に話し合いに参加していました。

このような子どもを見て「やる気がないなあ」「だめだな」と思う教師もいるかもしれません。しかし、一人であっても考え続けていることや自分の意見をつくって話し合いに参加しようとしていることは大変すばらしいことです。そのような成長に目を向け、子どもの言動をしっかりと価値付けし、ほめて認め続けていくことこそが大切なのです。子どもの姿をよく観て、子どもの声を聴いて、そして子どもの成長に寄り添いながら、教師自身も考え続けなければいけないのです。

成長しない子どもはいません。ぜひ、子どもたちの「人間的な成長」に目を向け、学級ディベートや学級ディベートを生かした話し合いに取り組んでいただけたらと強く願います。

第7章
ディベートの低・中・高学年別年間カリキュラム

1. はじめに
2. ディベート年間カリキュラム
   - ●低学年のディベート年間カリキュラム
   - ●中学年のディベート年間カリキュラム
   - ●高学年のディベート年間カリキュラム
3. ディベートが与える感化

第7章 ディベートの低・中・高学年別年間カリキュラム

1 はじめに

菊池道場鳥取支部　中元教善

「小学生がディベート」と聞くと、どう思われますか。相手の立論を聞いて、質問をする、自分たちの立論をする、相手の質問に答える、反駁をする…。

高学年じゃないと難しいと思われるかもしれません。国語科の教科書によっては討論を扱ったものが、高学年で出てくるのでそう思われるのも無理はありません。

しかし、低学年を担任されている先生方（本書参照）も多くの実践を積まれていることからも、低学年でもディベートの基礎を学ぶことはできます。低学年では、楽しんで始められるゲーム形式のものに取り組んでみるのがおすすめです。むしろ早い段階からディベートの指導をすることで、高学年になって最初から指導をしなくてもよくなります。

また、ディベートをすることで、児童は相手の発言を傾聴する、自分の発言に責任をもつ点で個人が成長していきます。また、ディベートはチームで行うため、仲間との協力が深まります。それゆえ、学級づくりにおいてもディベートは効果的です。

では、低学年からディベートを始めないといけないのでしょうか。もちろん早ければ早いに越したことはありませんが、受けもった学年の児童の実態や校内の状況によって、事情は異なるでしょう。ディベートは「考える人」をつくります。考える人の形成のために今からディベートの指導を始めてみませんか。次ページからのカリキュラムは、ディベートをいつから始めてもよいように作成してあります。堅苦しく考えることなく、気軽な気持ちで始めてみましょう。ディベートは子どもたちの学びの意欲をきっと満たします。

第7章 ディベートの低・中・高学年別年間カリキュラム

② ディベート年間カリキュラム

菊池道場鳥取支部　中元教善

● 低学年のディベート年間カリキュラム

	月	4	5	6	7	9	10	11	12	1	2	3
話し手の学習	話し手の段階	討論を楽しむことができる						ミニ・ディベートを楽しむことができるようになる				
	ディベートのねらい	・実態調査	・話すことの楽しさを味わう	・[はじめ・なか・まとめ・むすび]で話す	・[スピーチ+質疑応答]のあり方を体験する	・応答関係を楽しむ討論ゲームをする	・判定ルールを決めて討論ゲームを楽しむ	・自分たちで論題を決めてミニ・ディベートをする		・反駁の仕方を知って、ミニ・ディベートをする		
	テーマ例や具体的な方法	・質問ゲームをする		・四分割の構成原稿（単語メモ）	・点数を決める・アドバイスをし合う	・意見と反対意見の数を競い合う	・ポイント制で即効的なゲーム	・身近な学級の問題から論題を決める		・意見を結論と理由に分け、理由を否定する		
	使用した教材や関連する学習		・クイズ・ゲームの本	・四分割の構成原稿（単語メモ）	・新聞記事・テレビのニュース・ネットの記事	・国語科[スイミー]	・国語科[お手紙]	・生活科[町探検]		・国語科[おにごっこ]		
	ディベートの論題					・スイミーの気持ちを発表しよう	・がま君の気持ちを発表しよう	・お気に入りの場所はどこか		・自分たちの考えたおにごっこ		
聞き手の学習	聞き手の手段	話のまとまりをとらえながら聞く						発言の構成に気を付けながら聞く				
	聞くことの学習内容	・楽しみながら聞く		・組み立てに気を付けながら聞く	・話を批判的に聞く	・話を聞き比べる	・自分の考えと比べながら聞く	・確認したいことを考えながら聞く		・自分たちの考えたおにごっこ	・反論を考えながら聞く	

185

● 中学年のディベート年間カリキュラム

	月	4	5	6	7	9	10	11	12	1	2	3
話し手の学習	話し手の段階	討論を楽しむことができるようになる		ミニ・ディベートを楽しむことができるようになる			立論型ディベートができるようになる	リサーチを生かしてミニ・ディベートを楽しむことができるようになる			問題解決的なディベートをすることができるようになる	
	ディベートのねらい	・応答関係を楽しむ討論ゲームをする	・意見と反対意見の数を競い合う	・判定ルールを決めて即興的に討論ゲームをする	・自分たちで論題を決めてミニ・ディベートを楽しむ	・発言記録の方法を知り、ミニ・ディベートをする	・立論型ディベートをする	・結論と根拠の関係を考えてミニ・ディベートをする	・主張に必要な資料を可能な限り集めてミニ・ディベートをする	・資料を使って立論を作成する	・「メリット・デメリット方式」のディベートを体験する	・反駁型ディベートをする
	テーマ例や具体的な方法			・ポイント制で即興的に討論ゲーム	・身近な学級の問題から論題を決める	・フローシートの活用	・根拠や主張の流れを考える	・説明文教材をリサーチの対象とする	・資料を集めて立論を作成する	・資料リストの作成と資料収集	・「メリット・デメリット方式」	・立論のずれを指摘する
	使用した教材・関連する学習	・特別活動「考えようわたしたちの生活」		・総合的な学習「わたしたちの町」	・特別活動「考えようわたしたちの生活」	・国語科「わたしの三大ニュース」	・特別活動「考えようわたしたちの生活」	・国語科「大きな力を出す」	・国語科「ごんぎつね」	・特別活動「考えようわたしたちの生活」	・特別活動「考えようわたしたちの生活」	・社会科「くらしとごみ」
	ディベートの論題	・「給食をやめて、弁当にすべきである」		・「公共交通機関の優先席を増やすべきである」	・「学校に自動販売機を設置すべきである」	・「友達の三大ニュースを聞いて、質問しよう」	・「宿題をやめて、自由に勉強にすべきである」	・「一番興味をもったところを発言しよう」	・「ごんはうたせたのか」	・「小学生が携帯電話をもつことを止めるべきである」	・「10年〇組は自由席にすべきである」	・「店はレジ袋を有料にすべきである」
聞き手の学習	聞き手の手段	話のまとまりをとらえながら聞く		発言の構成に気をつけながら聞く				主張と根拠の関係を考えながら聞く			議論の争点を考えながら聞く	
	聞くことの学習内容	・話を聞き比べる	・自分の考えと比べながら聞く		・確認したいことを考えながら聞く	・要点をメモしながら聞く	・根拠や主張の組み立てを意識して聞く	・結論と根拠の関係に気を付けて聞く	・結論と根拠を区別しながら聞く	・結論と根拠の関係を理由の関係に気を付けて批判しながら聞く	・争点を見つけながら聞く	・立論にずれがないか聞く

第7章 ディベートの低・中・高学年別年間カリキュラム

● 高学年のディベート年間カリキュラム

月	4	5	6	7	9	10	11	12	1	2	3
話し手の段階	問題解決的なディベートをすることができるようになる				ディベートを活用した作文が書けるようになる				ディベートを生かして討論を楽しむことができるようになる		
ディベートのねらい	・[メリット・デメリット]式のディベートをする	・問題解決的な単元を構成し、政策を検討するディベートをする		・議論の争点を決めて政策論題のディベートをする	・議論を振り返って立論を修正し結論を書かせる	・肯定側、否定側のどちらかの立場を選択し、立論を修正する		・意見文としてディベート作文を書き、お互いに評価し合う	・ディベートで身に付けた技術を生かしているかお互いに話し合う	・いろいろな話し合いで、討論し合う（シンポジウム、パネルディスカッション）	・学級ディベートリーグ戦をする
テーマ例や具体的な方法	・[メリット・デメリット]式	・ディベートによる問題解決的な学習		・政策を修正しレポートにまとめる	・議論を材料に主張を書く	・相互の反駁をもとにして立論を修正する		・発言内容、論の解釈、評価を根拠に修正した立論を評価し合う			
使用した教材・関連する学習	・国語科「学級討論会をしよう」	・社会「天皇中心の国づくり」		・総合的な学習「町の環境を考えよう」	・特別活動「よりよい自分をつくろう」	・社会「縄文のむらから古墳のくに へ」		・社会科「国の政治のしくみ」	・国語科「やまなし」		・国語科「海の命」
ディベートの論題	・[学級文庫に漫画本を置くべきだ]	・[奈良の大仏ははるかに小さく造るべきであった]		・[公園のゴミ箱をなくすべきだ]	・[宿題をやめて自主勉強にすべきである]	・[縄文時代と弥生時代、どちらが明るいか]		・[選挙で投票をしない人に罰を与えるべきだ]	・[5月と12月はどちらが明るいか]	・[太一の気持ちがガラリと変わったのはどこか]	
聞き手の手段	議論の争点を考えながら聞く				自分の意見を深めながら聞く				話す力を高めるために話を聞く		
聞くことの学習内容	・争点を見つけながら聞く	・議論の流れに沿って聞く		・議論の流れに沿って聞く（判定コメント）	・立論と反駁の関係を考えながら聞く	・効果的な反駁を評価しながら聞く		・各論を評価しながら聞く	・効果的な発言を見つけながら聞く	・自分の表現に友達のよさを取り入れるために聞く	

③ ディベートが与える感化

菊池道場鳥取支部　中元教善

「宿題をやめて、自由勉強にすべきである」をテーマに学級でディベートを行いました。「宿題をやめて」という言葉にひかれて、最初は肯定側児童が多くいました。

　私は、ディベートの本来のねらいの一つである「論理的思考力」を鍛えたいという思いで、このディベートを行おうと考えていました。「自分の立場とは関係なくディベートができるようになれたら、さらに成長できるよね」と子どもたちに伝えると、否定側に「散歩」する児童が現れました。拍手で称賛した後、早速チームをつくりました。準備に十分な時間を取ることはできませんでしたが、子どもたちは国語科「立場を決めて討論をしよう」（国語科教科書　東京書籍5年）でディベートをしていたこともあり、すぐに同じチームで作戦を立て始めました。

　結果を集計したところ、否定側が勝っていました。意外な結果に子どもたちは驚いていました。チームで協力できたこと、審判は人と意見を区別できたことなど、学級の全員の頑張りを大きな拍手で称賛し合いました。

　ディベートが終わった後、学級のある男の子が、「ああ、楽しかった」と言いました。

　私は聞いた直後は、「楽しかったんだな、よかった、よかった」程度に考えていましたが、その言葉をよく考えるにつれて、授業の後に「ああ、楽しかった」と自然と声が挙がるような授業を自分はしたことがあるだろうかと考えるようになりました。最善を尽くしてはいるつもりですが、本当に手応えのある授業は年間でも多くはありません。その多くない授業の中でも、子どもたちは「ああ、楽しかった」と言っていたでしょうか。恥ずかしながら、すぐには思い出すことができませんでした。

ディベートは多くの力を子どもたちに与えてくれます。それは以下の子どもの声からも明らかです。

> 　わたしたちの班が審判から理解を得るためにがんばったことは３つあります。１つ目はインターネットのサイトに出てきた言葉をみんなに分かりやすくするために国語辞典で調べたこと、２つ目は表やグラフを見せたこと、３つ目は主張の仕方を工夫したことです。
> 　ディベートはルールがなければけんかになってしまいます。相手を認め、それを受け入れて、自分たちの主張をすることによって、テーマについて知識が深くなりました。わたしははっきり意見を言うことが苦手でしたが、班で調べることによって、自信をもてました。ディベートによって、班にチームワークが生まれ、協力することの大切さが分かりました。

　基本的に子どもたちは学ぶことに飢えています。すなわち、生まれながらの「アクティブ・ラーナー」なのです。それを育てるのが教師の役割です。様々な学習形態の中でもディベートは、子どもたちの学びの意欲を満たすのに最適な学習形態の一つだと思います。
　ディベートを通して、子どもたちは相手の言うことを聞く、常に思考する、説得するように話すといった技術面での力が身に付きます。しかし、それだけではありません。仲間と協力する、仲間を思い言葉を大事にするといった「学級づくり」の面でも、大きな成長をもたらせてくれます。それは、技術面での力よりもはるかに大切なものであると思います。
　「ああ、楽しかった」と思うだけではなく、自然に言えることができた子どもはディベートを通して大きく成長できたに違いありません。「ああ、楽しかった」という児童の言葉を胸に刻み、私は教師としてもっと成長していかなければと思うようになりました。ディベートは子どもだけでなく、大人さえも感化させてくれるのです。

おわりに

　2005 年（平成 17 年）8 月 28 日の西日本新聞朝刊に「チャレンジせんせい『考える力を養うディベート』」という私のインタビュー記事が掲載されました。北九州市立香月小学校に勤務していた時代です。

>　「私たちの校区にレジャー施設は必要か」「弥生時代は幸せだったか」—決められたテーマについて肯定と否定の二つの立場に分かれて討論する「ディベート」を、積極的に授業に取り入れています。
>　ディベートでは根拠を示して論証したり、相手の主張を質問で確かめたりする作業が必要になります。論理的な思考はもちろん、相手の立場で考えるというコミュニケーションの基本が身につくのです。
>
>　　■　■
>
>　ディベートを使った教育に取り組むきっかけは、15 年前にさかのぼります。当時勤めた小学校で学級崩壊状態だった 6 年生を担任したのです。始業式後の教室で、たった一言の自己紹介もできずに次々と泣き出す子どもたち。クラスの人間関係が崩壊してしまっている様を目の当たりにし、「とにかく 1 年かけて人前で話ができる子どもたちにしよう」と決めました。
>　まず日常のできごとなどを話す「スピーチ」から始めました。話すこと、聞くことができるようになって、次は「対話・会話」に進み、最後に「話し合い・討論」を使ってクラスの人間関係を少しずつ修復しました。ディベートは他者とのコミュニケーション能力を培う一つの方法にすぎません。15 年前のこのクラスで、対人関係作りの初歩に直面した経験が、「きずなの強い学級づくり」という私の教育哲学の原風景になっています。
>
>　　■　■
>
>　もちろん、ディベートで試される「考える力」の前提として必要なのは、基礎的な力です。ディベートが万能なのではなく、暗記や

> 反復学習は絶対に必要なのです。とくに語彙力は考えを深めるための道具として大切なものです。私のクラスの子は全員、机の上に国語辞典と今読んでいる本を常に置いています。子どもの活字離れが指摘されていますが、私のクラスの33人を見る限り、大人が環境さえ整えてやれば、子どもはきちんと本に親しむものだと感じています。

　10数年前の記事ですが、自分自身がずっと変わらぬ思いでディベートと向き合ってきたことを再確認することができました。

　「ディベート」と聞くだけでマイナスのイメージをもたれてしまう時代もありました。「屁理屈を言う人間を育てるだけだ」という偏見で見られる時代もありました。
　私は、私の教室で、ディベートがもつ本来のよさを確信しながら、今という時代と、目の前の子どもたちを絶えず見ながら、試行錯誤の実践を続けてきました。そして、ここに「学級ディベート」として提案するにいたりました。

　本書は、菊池道場の中国、四国、九州の10名のメンバーとの学びで完成しました。何度も原稿を持ち寄っては検討する会議を重ねましたが、私にとっても楽しく有意義な時間であり、改めて「学級ディベート」が今日的教育課題に正面から対峙して答えを出しうるものだという確信をもつことができました。本当にありがとうございました。
　今回も、中村堂の中村宏隆社長には、企画段階から編集段階までお力添えをいただきました。感謝いたします。
　全国の学校・教室で、「個の確立した集団を育てる」ために、積極的に「学級ディベート」が実践されることを期待しています。

　　　　　　　　　　　2018年2月26日　菊池道場　道場長　菊池省三

●著者紹介

菊池省三（きくち・しょうぞう）

　1959年愛媛県生まれ。「菊池道場」道場長。元福岡県北九州市公立小学校教諭。山口大学教育学部卒業。文部科学省の「『熟議』に基づく教育政策形成の在り方に関する懇談会」委員。平成29年度　高知県いの町教育特使。大分県中津市教育スーパーアドバイザー。三重県松阪市学級経営マイスター。

　著書は、「学校は、何をするところか?」「公社会に役立つ人間を育てる　菊池道場流　道徳教育」「人間を育てる　菊池道場流　叱る指導」「個の確立した集団を育てる　ほめ言葉のシャワー　決定版」「価値語100ハンドブック」「人間を育てる　菊池道場流　作文の指導」「『話し合い力』を育てる　コミュニケーションゲーム62」（以上　中村堂）など多数。

【菊池道場】　★50音順

大西一豊（菊池道場大分支部）　　大西賢吾（菊池道場大分支部）
神吉満（菊池道場北九州支部）　　田中聖吾（菊池道場北九州支部）
中元教善（菊池道場鳥取支部）　　橋本慎也（菊池道場熊本支部）
林田渉（菊池道場福岡支部）　　　堀井悠平（菊池道場徳島支部）
南山拓也（菊池道場兵庫支部）

※2018年2月1日現在

個の確立した集団を育てる　学級ディベート

2018年4月1日　第1刷発行

著　　　／菊池省三・菊池道場
発行者／中村宏隆
発行所／株式会社　中村堂
　　　　〒104-0043　東京都中央区湊3-11-7
　　　　　　　　湊92ビル 4F
　　　　Tel. 03-5244-9939　Fax. 03-5244-9938
　　　　ホームページアドレス　http://www.nakadoh.com

編集協力・デザイン／有限会社タダ工房
表紙等デザイン／佐藤友美
印刷・製本／モリモト印刷株式会社

©Shozo Kikuchi,KikuchiDojyo 2018
◆定価はカバーに記載してあります。
◆乱丁・落丁の場合はお取り替えいたします。
ISBN978-4-907571-46-7